Plaza de Cibeles.

DIRECTEURS DE COLLECTION ET AUTEURS
Dominique AUZIAS et Jean-Paul LABOURDETTE

AUTEURS
Baptiste THARREAU, Anais DUFAU, Gaëlle HENRY, Manon LIDUENA, Guillaume FOURMONT, Lise PATHE, Jean-Paul LABOURDETTE, Dominique AUZIAS et alter

DIRECTEUR EDITORIAL
Stéphan SZEREMETA

RÉDACTION MONDE
Laure CHATAIGNON, Morgane VESLIN, Pierre-Yves SOUCHET, Natalia COLLIER

RÉDACTION FRANCE
Briséis CREAC'H-MENUT, Audrey VEDOVOTTO, Marie VIGNERON, Nicolas WODARCZAK, Mélanie PEILLET

MAQUETTE ET MONTAGE
Romain AUDREN, Julie BORDES, Delphine PAGANO

ICONOGRAPHIE CARTOGRAPHIE
Anne DIOT, Julien DOUCET

DIRECTRICE DES VENTES
Bénédicte MOULET assistée d'Aissatou DIOP

RESPONSABLE DES VENTES
Jean-Pierre GHEZ assisté de Nelly BRION

RELATIONS PRESSE-PARTENARIATS
Jean-Mary MARCHAL

PRÉSIDENT
Jean-Paul LABOURDETTE

DIRECTRICE ADMINISTRATIVE ET FINANCIÈRE
Valérie DECOTTIGNIES

DIRECTRICE DES RESSOURCES HUMAINES
Dina BOURDEAU assistée de Sandra DOS REIS et Eva BAELEN

COMPTABILITÉ
Guillaume PETIT, Aminata BAGAYOKO, Jeannine DEMIRDJIAN et Adama DIABY

RECOUVREMENT
Fabien BONNAN assisté de Sandra BRIJLALL

CITY TRIP MADRID 2023/2024

LES NOUVELLES EDITIONS DE L'UNIVERSITE
18, rue des Volontaires - 75015 Paris.
✆ 01 53 69 70 00 - Fax 01 42 73 15 24
Internet : www.petitfute.com
SAS au capital de 1 000 000 € -
RC PARIS B 309 769 966
Couverture : Plaza de Cibeles
© GoranQ - iStockphoto.com
Impression : IMPRIMERIE CHIRAT -
42540 Saint-Just-la-Pendue
Achevé d'imprimer : juin 2023
Dépôt légal : juillet 2023
ISBN : 9782305085913

Pour nous contacter par email, indiquez le nom de famille en minuscule suivi de @petitfute.com
Pour le courrier des lecteurs : info@petitfute.com

PEFC 10-31-1895

IMPRIMÉ EN FRANCE

BIENVENUE À MADRID !

Madrid est taquine. Il est souvent difficile de la cerner, mais toujours agréable de la visiter. Conservatrice et bien sous tous rapports le jour, elle se déchaîne dès que la nuit tombe pour nous faire découvrir tous ses charmes. En journée, profitez de sa richesse culturelle, de ses interminables terrasses d'été ou de son architecture monumentale. Sa diversité régalera vos sens. Les férus d'art auront bien du mal à choisir entre les collections impressionnantes du Prado et du Reina Sofía ou les multiples fondations et centres culturels alternatifs qui inondent la scène contemporaine.
Mais dès que le soleil prend repos, c'est une tout autre personnalité que Madrid nous réserve. Dès ce moment-là, vous pourrez commencer à pratiquer l'art de *tapear* ou *ir de cañas*. Cette coutume qui invite à tester tous les bars du quartier est une vraie marque reconnue de la capitale. Mêlez-vous aux autochtones, ils vous initieront ! Les Madrilènes savent accueillir, et vous apprécierez encore plus l'ambiance éclectique que les savoureuses *cañas*, c'est dire !
Entre *fiesta* et culture, Madrid vous enchantera. Et comme disent les Madrilènes, avec une pointe de chauvinisme : *De Madrid al cielo* (« de Madrid au ciel »). Autrement dit, le seul endroit où la vie serait plus douce qu'à Madrid, est le ciel !

Amoureux de Madrid depuis l'adolescence, Baptiste Tharreau, qui sillonne le monde pour le Petit Futé depuis quinze ans, se rend chaque année dans la capitale espagnole pour dénicher les derniers bons plans. Il aime le grand écart entre la très chic Gran Via et l'âme bohème de Lavapiés, chiner au Rastro le dimanche, tester les derniers bars à tapas à la mode ou voir un bon match de foot au Bernabéu.

OFFERT CE GUIDE AU FORMAT NUMÉRIQUE
Retrouvez cette offre en page 93

SOMMAIRE

63

PLAZA COLÓN ET SALAMANCA

Le nord-est de la ville est plus résidentiel avec de nouveaux quartiers d'affaires à l'architecture ultramoderne, idéals pour une balade et pour y admirer les jeux d'architecture où se côtoient somptueux palais anciens et tours de verre au design minimaliste telle la Puerta de Europa avec ses deux tours penchées.

LA LATINA, PLAZA MAYOR ET LAVAPIÉS

75

Autant cœur historique de Madrid que lieu alternatif par excellence, on aime venir autant de jour – pour admirer les splendeurs du Palais royal, de l'opéra ou de la Plaza Mayor – que de nuit pour vivre au rythme des Madrilènes, pratiquer l'*ir de tapear* et s'enivrer au son des musiciens jouant dans les différents bars des petites rues médiévales du quartier.

101

HUERTAS ET PASEO DEL PRADO

Ici est condensée la quintessence de l'art, notamment espagnol, entre le musée du Prado, le Reina Sofía et le Thyssen-Bornemisza. Dès que l'on quitte ces trésors, on peut profiter du grand parc du Retiro et flâner dans le quartier, même bien après la nuit tombée.

CHUECA, MALASAÑA ET CHAMBERÍ

119

Quartier branché et tendance par excellence, c'est l'antre du shopping de créateurs, des galeries d'art, des locaux alternatifs et des boutiques design, des magasins vintage, des petites rues tranquilles, des façades décrépies au charme suranné et des bonnes adresses pour boire un verre ou grignoter quelques tapas.

LES IMMANQUABLES

RÉPÈRES HISTORIQUES DE LA VILLE

On attribue la fondation de Madrid à Mohamed Ier, émir de Cordoue, qui érige au IXe siècle une citadelle dominant la rivière Manzanares (où se trouve l'actuel palais royal) afin de protéger le territoire de Tolède des invasions castillanes. En 1085, Madrid est abandonnée par les Arabes et sous domination chrétienne, après la conquête de Tolède par Alfonse VI. A partir du XIVe siècle, Madrid attire progressivement la cour par sa situation, mais surtout pour ses espaces de chasse.

Mais, c'est Philippe II qui, en 1561, établit la capitale de l'Empire à Madrid. Ce nouveau statut change la physionomie de la ville : constructions religieuses et demeures de nobles. En 1601, Philippe III transfère la cour à Valladolid, mais son fils Philippe IV revient à Madrid et transforme encore la capitale. Passionné des lettres et des arts, il protège des peintres comme Velázquez et Murillo et des écrivains comme Lope de Vega, Calderón de la Barca, Quevedo y Villegas et Tirso de Molina. Il fait construire en 1625 la dernière muraille, qui entoure la ville jusqu'en 1868, avec cinq portes : Alcalá, Atocha, Toledo, Segovia et Bilbao. La fin du XVIIe siècle se caractérise par la décomposition du gigantesque empire. Cette période des Hasbourg, sur deux siècles, est surnommée « Siècle d'or », avec une culture omniprésente. La guerre de succession d'Espagne met les Bourbons sur le trône.

Le XIXe siècle commence avec l'invasion française par Napoléon qui profite des faiblesses du régime dues aux problèmes de successions entre Charles IV et Ferdinand VII. Il les envoie à Bayonne avec tous les membres de la famille royale. Napoléon fait nommer son frère Joseph Bonaparte roi d'Espagne à la place de Ferdinand VII. Le peuple espagnol se soulève : c'est la guerre d'Indépendance. Napoléon, entré dans la capitale, est repoussé dans la nuit du 2 au 3 mai 1808. Immédiatement après, Ferdinand VII remonte sur le trône, rétablissant ainsi son pouvoir. Sa fille, Isabelle II, donne à Madrid un air bourgeois et progressiste : ouverture de théâtres et de cafés.

Le passage au XXe siècle est très instable. Les luttes entre mouvements républicain et royaliste sont de plus en plus dures, les anarchistes terrorisent le pouvoir. L'activité industrielle se développe. Madrid cesse d'être uniquement la ville où vit la cour pour devenir une ville économique. Le début du XXe siècle est surnommé « Siècle d'argent », car les activités culturelles et artistiques se multiplient. Deux mouvements littéraires majeurs caractérisent ce mouvement : la géné-

ration de 1898 et la génération de 1927. Madrid devient le lieu de rassemblement des diverses tendances artistiques d'Espagne.
Quand survient la guerre civile, Madrid est largement républicaine et antifranquiste. Avec le régime franquiste émerge une nouvelle façon de concevoir Madrid. Jose Maria Vidagor, architecte, veut arrêter l'extension de Madrid pour en faire une capitale destinée à l'élite. Mais, dès 1950, l'industrie crée de nombreux emplois et Madrid devient un important pôle d'attraction pour l'ensemble de l'Espagne. L'exode rural ne fait que commencer. En 1975, Franco meurt et, avec lui, le système dictatorial s'effondre. Le Madrid des années 1980 est marqué par l'avènement du système des « autonomies », qui transforme la configuration territoriale et politique de l'Espagne. En 1982-1983, naît « l'autonomie de Madrid » qui réunit la ville et ses environs proches. Le maire Enrique Tierno Galván, ancien professeur universitaire et marxiste, réhabilite les vieux quartiers et encourage la Movida madrilène.
Les années 2000 font de Madrid une ville européenne singulièrement vivante, qui se transforme pour tenter d'accueillir les Jeux olympiques. Peine perdue. La décennie est marquée par la vague d'attentats la plus meurtrière de son histoire. Le jeudi 11 mars 2004, dix bombes explosent dans quatre trains à la gare d'Atocha causant la mort de 191 personnes, bilan alourdi par 1 482 blessés. Un attentat revendiqué par Al-Qaida.
Quelques années plus tard, la capitale espagnole a fait parler d'elle pour ses Indignés pendant la crise. En 2015, Manuela Carmena accède à la mairie de Madrid, sous l'étiquette Ahora Madrid, grâce au soutien de Podemos et du Parti socialiste PSOE. Cette ancienne avocate et juge du Tribunal suprême d'Espagne est l'un des symboles de la vague de gauche qui a traversé le pays.
En 2019, changements de têtes à Madrid. En juin, la maire de gauche Manuela Carmena est remplacée par le candidat de droite de Parti populaire (PP) José Luis Martínez-Almeida. Pourtant 2e de l'élection derrière la maire sortante, il passe un accord avec les partis Ciudadanos et Vox pour accéder aux responsabilités. En août, Isabel Díaz Ayuso est, elle, élue à la tête de la Communauté de Madrid, grâce là encore à une alliance PP-Ciudadanos. Mais le 4 mai 2021, après avoir rompu sa coalition minoritaire et provoqué de nouvelles élections (par peur de subir une motion de censure), Díaz Ayuso (PP) est largement réélu (44,76 % des voix) et rate de peu la majorité absolue.

POINTS D'INTÉRÊT

LE MUSÉE DU PRADO

Interdiction de venir à Madrid sans passer par le Prado. L'un des emblèmes de Madrid, c'est le musée qui rassemble la plus grande collection d'œuvres du pays, et l'une des plus importantes d'Europe.
Le bâtiment conçu par Juan de Villanueva, architecte madrilène, en 1786, est commandé par le roi Charles III (dit le roi maçon, en raison du nombre d'édifices construits sous son règne) comme élément du « Salon » du Prado.

La promenade attire les Madrilènes importants. Charles III fait construire le long de la promenade l'observatoire astronomique, le jardin botanique et l'actuel musée qui devait servir à l'étude de l'histoire naturelle. Pendant l'invasion napoléonienne, l'édifice sert de quartier général à la cavalerie française. C'est en 1819 que Ferdinand VII l'inaugure en tant que musée d'art regroupant les collections des rois d'Espagne. Aujourd'hui, le Prado est l'une des plus grandes pinacothèques du monde, avec près de 10 000 œuvres, dont seulement le septième est exposé. Le Prado a inauguré, en novembre 2007, son nouveau bâtiment, « Edifice Jerónimos », construit par Rafael Moneo, qui accueille des expositions temporaires et des sculptures.

Les collections de peintures espagnoles sont uniques et impressionnantes. Elles couvrent près de sept siècles, depuis les fresques du

Musée du Prado.

XIIe siècle jusqu'à Goya au XIXe siècle. Au rez-de-chaussée : peinture médiévale et renaissance ; au 1er étage : El Greco (dont *El Caballero de la mano en el pecho* ou *Le Gentilhomme de la main sur la poitrine*), Ribera, Murillo, Vélasquez (*Las Meninas*) et le Siècle d'or. La centaine d'œuvres de Goya s'éparpille à tous les étages : *Tres de Mayo*, *La maja desnuda* au 1er...

La peinture italienne couvre une période allant de la Renaissance au XVIIIe siècle. Au rez-de-chaussée, on admire Raphaël (*Le Cardinal*), l'école vénitienne (Le Tintoret, Véronèse, Giorgione, Bellini, Lotto...), *L'Annonciation* de Fra Angelico, *Historia de Nastagio degli Onesti* de Botticelli. Au 1er, les tableaux du XVIIe du Titien (*L'empereur Charles Quint à cheval, Mühlberg*), Caravaggio et Gentilesh.

La peinture allemande présente une petite collection du XVIe au XVIIIe siècle. *L'autoportrait* d'Albrecht Dürer, *La Chasse en l'honneur de Carlos V* de Lucas Cranach ou les peintures de Baldung Grien sont quelques exemples. Une salle est conacrée à Anton Rafael Mengs *(le portrait de Carlos III*).

L'importance et la variété des collections de peintures hollandaises s'expliquent par la domination espagnole dans l'histoire du pays. Au rez-de-chaussée : Weyden (*La Descente de la Croix*), Bouts, Memling, Bosh dit El bosco (*Jardin des délices*, *Les Sept Péchés capitaux*) et peintures du XVIe. Au 1er : collections du XVIIe, Rubens (*L'Adoration des mages* et *Les Trois Grâces*), Van Dyck, Brueghel (*Triomphe de la mort).*

Peinture française : à l'arrivée sur le trône des Bourbons au XVIIIe siècle, l'influence française se fait immédiatement sentir. Au 1er : Poussin (*Parnassus* et *Paysage avec saint Jérôme*), Claude Lorrain (*Embarquement de sainte Paula Romana à Ostia*), Antoine Watteau et Jean Ranc.

MUSÉE DU PRADO ★★★★
Paseo del Prado
✆ +34 902 107 077
www.museodelprado.es
museo.nacional@museodelprado.es
M. Banco de España ou Atocha.
Du lundi au samedi de 10h à 20h et dimanche de 10h à 19h. Entrée : 15 €. Gratuit du lundi au samedi de 18h à 20h et dimanche de 17h à 19h.

CENTRO DE ARTE REINA SOFIA

Cet ancien hôpital construit en 1776 par Francisco Sabatini, sous le règne de Carlos III, est désormais le principal musée d'Art contemporain de Madrid. En septembre 2005, l'aile dessinée par l'architecte Jean Nouvel est inaugurée. Elle abrite des salles d'expositions temporaires, une bibliothèque, un auditorium de 450 places et deux salles de cours. A l'image de la ville, le mariage entre classicisme et modernité affiche une franche réussite, au goût des touristes et des habitants de la capitale. Pour suivre la visite chronologique et cohérente, la visite commence au 2e étage, se poursuit au 4e étage, puis au 1er et s'achève au rez-de chaussée. Les expositions temporaires se concentrent au 3e étage et au 1er étage. La collection permanente du musée s'étend de la fin du XIXe à nos jours et présente toutes les formes d'arts possibles : peintures, sculptures, photos, collages, croquis...
Au 2e étage, la visite commence par l'histoire de la naissance de l'art contemporain, à la fin du XIXe siècle. C'est l'avant-garde : cubisme, dadaïsme et surréalisme. Le passage de la tradition à la modernité est représenté par Hermenegildo, les couleurs vives du Catalan Anglada Camarasa, Ramón Casas, les œuvres sombres de José Gutiérrez Solana, Medardo Rosso, Santiago Rusiñol, Isidro Nonell, Joaquín Sorolla et l'Espagne « noire » des Basques Regoyos ou Ignacio Zuloaga. Les mouvements cubiste et surréaliste des artistes militants des avant-gardes européennes : Julio González, Pablo Gargallo, Juan Gris, Georges Braque, Albert Gleizes, Fernand Léger, María Blanchard, Jacques Lipchitz, Robert et Sonia Delaunay et Joaquín Torres García. Ici, Picasso, Miró, et Dalí sont largement mis en avant. *Guernica*, le tableau le plus connu du musée, symbolise à lui seul l'entremêlement de l'histoire et de l'art à venir. Conservé au musée d'Art moderne de New York jusqu'en 1981, *Guernica* rentre en Espagne au rétablissement de la démocratie, selon le vœu de Pablo Picasso.
Au 4e étage, la période traitée est celle de l'après Seconde Guerre mondiale. Cette dernière met fin en Espagne aux mouvements artistiques du début du XXe siècle, appelé Age d'argent (en référence au Siècle d'or). On y découvre les artistes de l'école de Paris (Vazquez Díaz, Pancho Cossío...), l'abstraction des années 1950 et 1960 (groupe el Paso, Antoni Tàpies, Chillida, Palazuelo), l'art minimal et les dernières tendances artistiques d'Espagne ou d'ailleurs (Dan Flavin, Donald Judd, Elena Asins, Soledad Sevilla).
Au 1er étage, ce sont les années 1960 et 1970 et le retour de la figuration : Equipo Crónica, Eduardo Arroyo, Juan Muñoz ou Antonio López.

On contemple également : Francis Bacon, Jean Dubuffet, Lucio Fontana et Yves Klein. Mais c'est également le moment de l'existentialisme.
Enfin, au rez-de-chaussée : La question de genre, la culture underground, la culture de masse ou la mondialisation sont ce qu'il y a de plus représentatif du début du XXIe siècle. On découvre ici Robert Mapplethorpe, Cindy Sherman, Richard Serra, Mikel Barceló et Cristina Iglesias, entres autres.

CENTRO DE ARTE REINA SOFIA ★★★

Calle de Santa Isabel, 52
✆ +34 917 741 000
www.museoreinasofia.es
info@museoreinasofia.es
M° Atocha.
Ouvert lundi et du mercredi au samedi de 10h à 20h et le dimanche de 10h à 14h30. Entrée : 12 €.

Autre adresse : Plaza del Emperador Carlos (nouveau bâtiment).

© RUBIPHOTO – SHUTTERSTOCK.COM

Centro de arte Reina Sofia.

LE MUSÉE THYSSEN-BORNEMISZA

Au cœur du Paseo del Prado et dans le triangle de l'Art, le musée Thyssen-Bornemisza abrite une collection de plus de 1 000 œuvres traversant plus de sept siècles d'histoire de la peinture. Si vous n'avez pas le temps de visiter plusieurs musées, celui-ci est un bon compromis pour avoir une vue d'ensemble de l'art que propose Madrid. Il est un excellent complément au Prado pour la peinture classique et au Reina Sofía pour la peinture moderne.
Le baron Heinrich Thyssen-Bornemisza débute sa collection dans les années 1920. Elle est agrémentée par son fils Hans Heinrich, qui installe la collection dans le palais de Villahermosa. Le musée Thyssen-Bornemisza abrite l'une des plus importantes collections privées du monde.
Une partie de la collection a été acquise par l'Etat Espagnol en 1993. C'est le musée dont les salles sont numérotées dans le bâtiment principal. La visite commence par la section consacrée aux primitifs italiens, avec, notamment, *Le Christ et la Samaritaine*, de Duccio di Buoninsegna (1311), et néerlandais avec le *Diptyque de l'Annonciation*, de Jan Van Eyck, les portraits et un ensemble de scènes quotidiennes, d'intérieurs et de paysages hollandais du XVIIe siècle. On admire des peintures de la Renaissance allemande, de la peinture hollandaise du XVIIe siècle. Les salles 16, 17 et 18 sont consacrées à l'art italien du XVIIIe siècle.
Au 1er étage se trouve l'essentiel de la peinture flamande du XVIIe siècle au XXe siècle, la peinture nord-américaine du XIXe et les peintures impressionnistes de Gauguin (*Mua Mua*, vers 1892), Degas, Van Gogh (*Les*

Vessenots à Anvers, 1888), Toulouse-Lautrec (*Gaston Bonnefoy*, 1891), Cézanne (*Portrait d'un fermier*, vers 1900), Monet et Renoir. Les expressionnistes allemands sont présents avec le groupe Die Brücke fondé en 1905 à Dresde.
Les huit salles du rez-de-chaussée sont consacrées au XXe siècle et aux écoles avant-gardistes : le cubisme avec *L'homme à la clarinette ou Arlequin* (1923) de Picasso et le surréalisme avec Dalí, Miró, Magritte, Kandinsky, Chagall, Max Ernst, Klee. Une salle expose la peinture américaine d'après-guerre. Le parcours se termine par la peinture figurative représentée par Hopper (*Chambre d'hôtel*, *Jeune fille cousant à la machine*) Lucian Freud ou Bacon (*Portrait de Georges Dyer au miroir*) et le pop art avec *Express* de Rauchenberg, *Femme au bain* de Lichtenstein, *Un N° 1* de Wesselmann, entre autres.
Suite au rachat de la collection par le Royaume, le baron et la baronne continuent leur collection et achètent, de nombreuses œuvres d'art qui sont à présent exposées. La collection Carmen Thyssen-Bornemisza est installée dans seize salles que nous parcourons dans l'ordre alphabétique. Elle regroupe près de 220 toiles. Au 2e étage, la visite commence avec les peintures italienne, flamande et hollandaise du XVIIe, la galerie des paysages, des œuvres du védutisme, la peinture du XIXe siècle, de l'école nord-américaine et les premiers impressionnistes. Au 1er étage, les œuvres impressionnistes et post-impressionnistes sont complétées par les toiles des premières avant-gardes du XXe siècle, avec le fauvisme, l'expressionnisme allemand et le cubisme.

MUSÉE NATIONAL THYSSEN-BORNEMISZA ★★★

Paseo del Prado, 8
✆ +34 914 203 944
www.museothyssen.org
M° Banco de España.
Ouvert le lundi de 12h à 16h et du mardi au dimanche de 10h à 19h. Entrée : 13 €. Gratuit lundi et moins de 18 ans.

PLAZA MAYOR

Dotée d'un charisme imposant, c'est la place de Madrid que vous n'oublierez pas. L'architecture autrichienne disciplinée qui la caractérise n'en fait pas pour autant un endroit peu accueillant. C'est l'une des zones les plus fréquentées et appréciées de la capitale. L'emplacement était occupé par un marché, à l'époque de la domination arabe et après la reconquête par Alfonso VI. Pour ne pas avoir à payer les taxes à l'entree de la ville, encore entourée d'une muraille, les commerçants se sont installés aux abords de cette place nommée *El Arrabal* (faubourg). Tout autour vivaient les artisans et les commerçants, comme l'atteste le nom des ruelles avoisinantes (couteliers, maréchal-ferrant, layetier). Sous Philippe II, des maisons furent détruites afin de libérer de l'espace et la *casa de la Panadería* (entrepôt à pain ou maison de la boulangerie) fut la première à être construite en 1590.
Sous Philippe III, l'urbanisation fut confiée à l'architecte Juan Gómez de la Mora. Le projet prévoyait une place de 120 m x 94 m entourée d'édifices de cinq étages, dont la *Panadería* faisait déjà partie.
Philippe III a l'honneur de figurer sur la Plaza Mayor, depuis 1847, avec une statue équestre.

La place fut, durant tout le XVIIe, le cadre de réjouissances de la royauté, mais également celui des autodafés, des corridas et des exécutions publiques de l'Inquisition. Sous Philippe IV, dans la nuit du 6 au 7 juillet 1631, 27 maisons de la Plaza Mayor furent complètement détruites par un incendie et 24 autres partiellement. Le feu dura trois jours et treize personnes y périrent. Juan de Villanueva, l'architecte désigné pour la reconstruction, fut respectueux du tracé original de la place, mais en profita pour changer le plomb des toitures par des tuiles rondes et aligna la hauteur de tous les édifices sur celui de la *casa de la Panadería*. A la fin du XVIIIe, des peintures vinrent décorer sa façade : douze signes du zodiaque, douze mois de l'année, allégorie du temps qui passe. Aujourd'hui, elle abrite l'office du tourisme.

La Plaza Mayor accueille toute l'année des événements culturels. Chaque dimanche matin a lieu le marché aux timbres et aux pièces de monnaie. A quelques mètres, la place Conde de Barajas accueille le dimanche matin peintres et dessinateurs. Profitez d'être dans ce quartier pour apprécier quelques curiosités de la ville. Lorsque vous avez le marché San Miguel dans le dos, regardez les balcons des immeubles d'en face, de l'autre côté de la calle Mayor, calle de los Milaneses, vous apercevrez un ange en train de tomber. Selon son sculpteur, Miguel Angel Ruiz, il s'agit « d'un être qui survolait la péninsule depuis des temps immémorables. Lors de son vol, il se cogna contre le moderne Madrid des gratte-ciel et s'écrasa sur un immeuble. » Au numéro 61 de la calle Mayor, se trouve l'ancienne résidence de l'écrivain Pedro Calderón de la Barca. Cette maison est connue sous le nom de Casa Estrecha, littéralement « la maison étroite », puisqu'elle ne fait que 5 m de large. C'est la plus petite de Madrid.

Au numéro 88, on peut apercevoir une branche de palmier au balcon du dernier étage. Elle rappelle que, de ce balcon, l'anarchiste Mateo Morral lança une bombe cachée dans un bouquet

Plaza Mayor, la plus belle place de Madrid.

© ANTON GVOZDIKOV – SHUTTERSTOCK.COM

Parc du Retiro.

de fleurs lors d'un attentat contre le roi Alfonso XIII, le jour de son mariage, le 31 mai 1906.

PLAZA MAYOR ★★★
Calle Mayor, 2
M° Sol.

PARC DEL BUEN RETIRO

Le parc fut construit au XVIIe siècle. A l'origine, il était composé d'un grand réseau d'étangs, de canaux et de fontaines. Aujourd'hui, il reste des traces évidentes de cette importance de l'eau, mais un grand nombre de ces œuvres ont disparu. La mise en scène des jardins est très caractéristique des jardins baroques de la Maison d'Autriche.
Ce magnifique parc, adjacent à la zone des musées, vous révèlera ses salles d'exposition et galeries d'art dans chacun de ses palaces : « palacio de Cristal », « casa de Vacas » et « casón del Retiro ». Expositions souvent gratuites, elles constitueront un joli atout à votre promenade relax.
Le Retiro constitue le principal poumon du centre de Madrid.
Verdoyant et calme, il est idéal de s'y balader et c'est le dimanche que l'on côtoie la vie madrilène. Sur l'étang, on peut louer des barques, des canoës et des bateaux à pédales. C'est également un lieu privilégié pour faire du sport avec une piste cyclable, un terrain de foot et de basket... Les mystiques se font tirer les cartes, pendant que d'autres se font masser le dos.
Le Retiro est un parfait endroit pour s'isoler, se reposer et fuir le stress de la capitale. Outre le Salon du Livre organisé chaque année, le Retiro réserve également quelques surprises pour les plus observateurs. Sur le rond-point entre le Paseo del Duque de Fernan Nuñez et le Paseo de Cuba, se trouve l'unique statue représentant une œuvre de Ricardo Bellver, *Lucifer*, sur laquelle l'ange déchu est attiré vers les Enfers par un serpent.

PARC DU RETIRO ★★★
Plaza de la Independencia, 7
M° Atocha, Retiro ou Ibiza.

LES PUCES DU RASTRO

Le Rastro est le plus grand et plus populaire marché aux puces de Madrid, et un classique du dimanche. Le marché bat son plein à midi, mais essayez d'y être avant si vous voulez vraiment dénicher des aubaines.

On y trouve de tout : couteaux, éventails, meubles, mais surtout vêtements, chaussures, sacs qui viennent d'Asie ou du Maghreb. Ici, aucun prix n'est affiché, le mot d'ordre est le marchandage. Faites attention à vos effets personnels car les pickpockets sont nombreux.

Outre les articles qu'il propose, ce marché aux puces est aussi un événement, un moyen de sentir l'ambiance populaire madrilène. La calle San Cayetano est appelée la rue des peintres, on peut y acheter de nombreux tableaux, ou visiter les galeries. Après le marché, les bars du quartier battent leur plein : les Madrilènes ont l'habitude de prendre quelques verres sur place. Un grand classique du dimanche après-midi, si vous voulez vous fondre dans l'ambiance du vrai Madrid.Sur la place centrale du Rastro, la plaza del Cascorro, on aperçoit la statue du soldat Eloy Gonzalo, considéré comme un héros espagnol de la guerre de Cuba en 1896. Les Espagnols sont alors assiégés dans la petite ville cubaine de Cascorro et les autorités militaires décident d'incendier leur quartier général au lieu de se rendre. C'est Eloy Gonzalo qui remplit cette mission suicide, armé d'un bidon d'essence, un fusil et une corde.

Marché aux puces El Rastro.

EL RASTRO ★★

www.elrastro.org

M° La Latina, Puerta de Toledo ou Tirso de Molina.

Dimanche et jours fériés de 9h à 15h.

PUERTA DEL SOL

Entièrement rénovée entre 2022 et 2023, la Puerta del Sol symbolise le cœur de Madrid et du pays, puisque c'est le kilomètre zéro du réseau routier espagnol. La place a une forme elliptique et pas moins de dix rues s'y rencontrent.

Revenus à leur place originale, à la naissance de la calle Alcala, l'ours et l'arbousier (*el oso y el madroño*) sont l'emblème de la capitale. Ils rappellent qu'autrefois, de grandes étendues d'arbousiers peuplées d'ours et d'autres gibiers entouraient la ville. N'oubliez pas de prendre l'incontournable photo-souvenir au pied de la statue.

Sous l'horloge du bâtiment de la Communauté autonome de Madrid, le Nouvel An est célébré tous les ans

par une foule en liesse qui déguste un grain de raisin à chaque coup sonné de minuit, apportant alors la prospérité pour les douze mois à venir. C'est là qu'il faut être pour partager cette tradition dans la nuit de la Saint-Sylvestre.
Pour lire le texte sous la statue de Charles III sur son cheval, il faut en faire le tour treize fois.
Le 2 mai 1808, c'est ici qu'eut lieu le soulèvement contre Napoléon, la proclamation de la Constitution de Cadix en 1812 et la célébration de la IIe République en 1931. Au siècle dernier, d'anciens bâtiments furent détruits et le lieu a grandi. Aujourd'hui, c'est une place avec des fontaines, qui n'a que son statut de centre et sa renommée pour rappeler sa superbe d'antan. Elle est très animée jour et nuit, et sert généralement de lieu de rendez-vous. Si elle a été rénovée, elle manque un peu de verdure et de charme.

LE PALAIS ROYAL

Jadis occupé par une forteresse royale, « el Alcazar », fut incendié en 1734 avec plus 300 œuvres de Dürer, Rubens, Van Dyck, Velázquez, l'emplacement fut réutilisé, quatre ans plus tard, pour la construction du nouveau palais. Philippe V, premier roi d'Espagne Bourbon, fait reconstruire un palais à son goût, préférant le style de Versailles. L'Italien Juan Bautista Sachetti fut chargé d'en définir la forme, et les architectes Ventura Rodríguez et Sabatini prirent en main sa construction. La façade austère, contraste avec l'intérieur du palais aux salons de style baroque. Des œuvres de Goya, de Velázquez, du Greco, une vaste collection de tapisseries flamandes et espagnoles, des sculptures, horloges habillent les pièces intérieures. La beauté de l'édifice réside en l'éclat de ses pierres et le quadrilatère parfait formé par ses façades. Le roi n'y réside plus mais y tient certaines visites officielles. L'entrée se trouve en face de la cathédrale de l'Almudena. Ses alentours concourent à sa mise en valeur avec les jardins de Sabatini, le parc campo del Moro et la place d'Orient.

Palacio Real (Palais royal).

PALAIS ROYAL ★★★

Calle Bailén
✆ +34 914 548 800
info@patrimonionacional.es
M° Opera.
Oct-mars : lun-ven 10h-18h, dim 10h-16h. Avril-sept : lun-ven 10h-19h, dim 10h-16h. 12 €. Relève garde : merc et sam.

LA GARE D'ATOCHA

La gare centrale, mondialement connue depuis les terribles attentats du 11 mars 2004, est une œuvre architecturale très intéressante à visiter. Inaugurée en 1851, cette gare portait à l'origine le nom de Estación de mediodía (gare de Midi). Détruite en grande partie lors d'un incendie, elle fut reconstruite selon les plans d'Alberto Palacio en 1890. L'intérieur est surprenant : en plein cœur de la gare, un jardin d'hiver touffu et exotique – œuvre de Cesar Manrique – bénéficie tout au long de l'année d'un microclimat attirant aussi bien les tortues, des petits oiseaux que des Madrilènes en mal de chaleur. Dans cette serre géante, pas de soleil mais un éclairage blanc et orange qui donne au lieu des airs de vacances. Blotti au fond de la station se trouve le Samarkanda, un café-restaurant bar à la décoration coloniale purement sublime ! Le Samarkanda ouvre sa terrasse toute l'année puisqu'elle se situe dans le jardin tropical de la gare d'Atocha. On dîne dans une ambiance presque coloniale, assis dans des fauteuils en osier, balayés par les ventilateurs. A recommander pour prendre un café en grignotant quelques tapas, ou boire un verre en attendant ou non un train... Manger dans la partie restaurant qui entoure l'espace terrasse coûte tout de suite plus cher, mais le cadre est vraiment admirable.

GARE D'ATOCHA ★★
Glorieta Carlos V
M° Atocha Renfe.

MANGER DES TAPAS

Élevé au rang de religion, l'*ir de tapear* (l'art de manger des tapas) est un incontournable madrilène. L'activité consiste à passer d'un bar à un autre, au cours d'une même soirée, répétant toujours le même rituel de commander un verre et de déguster quelques tapas. Cet enchaînement permet ainsi de profiter de la diversité des adresses, de changer d'atmosphère, de goûter

Gare d'Atocha, terrasse de café.

à une ambiance nouvelle à chaque fois. Le but est aussi de goûter aux différentes tapas en ne payant que quelques bières. Épicentre de la culture tapas, la calle Cava Baja, dans le quartier de La Latina, concentre de superbes bars à tapas. La forte proportion de Madrilènes qui y passent leurs soirées du week-end témoigne de leur qualité. Dans toute la rue, n'hésitez pas à vous fier à votre instinct et à vous régaler dans n'importe laquelle des tavernes. Autre adresse immanquable, le célèbre Mercado de San Miguel. Son architecture en fer lui vaut la classification de monument historique et, depuis 1916, il abrite une sélection des meilleurs produits d'Espagne. Vous déambulez parmi les stands en vous laissant guider par les odeurs et les couleurs. Le Mercado San Ildefonso vaut aussi le détour pour déguster croquetas au chèvre ou aux langoustines, les éternelles migas revisitées, le tout arrosé évidemment d'une caña.

MERCADO DE SAN MIGUEL
Plaza San Miguel
✆ +34 915 424 936
www.mercadodesanmiguel.es
info@mercadodesanmiguel.es
Du dimanche au jeudi de 10h à minuit et du vendredi au samedi de 10h à 1h du matin. Entre 20 et 30 €.
Son architecture en fer, quasi unique pour un marché, lui vaut la classification de monument historique. Si vous voulez ramener quelques spécialités charcutières, fromagères ou simplement goûter à différentes tapas, c'est l'endroit idéal. On déambule parmi les stands en se laissant guider par les odeurs et les couleurs, avant de s'installer aux tables centrales pour apprécier le moment. Un lieu à voir absolument et dont il faut profiter le week-end dans la frénésie madrilène.

© BARTOSZ LUCZAK

Patatas bravas.

MERCADO SAN ILDEFONSO
Calle Fuencarral, 57
✆ +34 915 591 300
www.mercadodesanildefonso.com
info@mercadodesanildefonso.com
M° Gran Vía ou Tribunal.
Du dimanche au mercredi de 12h à minuit et du jeudi au samedi de 12h à 1h. Entre 15 € et 25 € pour un repas tapas.

DÉCOUVRIR LA ZARZUELA

Née au milieu du XVIIe siècle à Madrid, la *zarzuela* est à l'origine une sorte d'opéra comique où la déclamation et la danse alternent avec le chant, destiné à divertir la cour royale. Au cours du XVIIIe siècle, la *zarzuela* se répand dans les provinces, s'enrichit des traditions locales et commence à intégrer des sujets quotidiens à son répertoire.

L'Espagne du XIXe affirme son identité à travers cette opérette qui évolue grâce, entre autres, à Francisco Barbieri, mélangeant les styles italiens, français et des accents populaires typiquement madrilènes. Au cours de la seconde moitié du XIXe siècle, ce genre du théâtre lyrique atteint ses lettres de noblesse avec les chefs-d'œuvre de Tomás Bretón et de Ruperto Chapí. Le musicologue et compositeur Felipe Pedrell est une autre figure importante du genre. Aujourd'hui, la *zarzuela* se pratique un peu moins, après un regain populaire dans les années 1980. Mais, l'été à Madrid, il est possible d'assister à une *zarzuela* dans la rue. Se rendre au théâtre de la Zarzuela est une expérience inoubliable qui permet de découvrir cet art de la parodie, de l'insolence, de la tragédie... bref, de découvrir tout un pan de la culture espagnole et sa vitalité. L'espagnol qui y est chanté est subtil, mais même sans parler la langue, les sentiments et ressentiments sont bel et bien présents.

THÉÂTRE DE LA ZARZUELA
Calle Jovellanos, 4
✆ +34 915 245 400
M° Banco de España ou Sevilla.
Programmation sur le site Internet. Billets de 4 € à 50 €.

ALLER AU MATCH

Le football à Madrid n'est pas une mince affaire ! La passion des Espagnols est si intense que le ballon rond est l'objet d'un véritable culte. La capitale espagnole se divise en deux grands clubs : le Real Madrid, traditionnellement le club des riches, et l'Atlético de Madrid, qui réunit les classes sociales plus modestes. Aller au Bernabeu (celui du Real) est une expérience unique et si le Cívitas Metropolitano (celui de l'Atlético depuis son inauguration en 2017), n'a plus le charme du vétuste Vicente Calderon, l'ambiance est toujours chaude.

Stade Cívitas Metropolitano.

Bref, assister à un match, dans l'un ou l'autre club mythique, ravira même les profanes.

STADE CÍVITAS METROPOLITANO

Avenida de Luis Aragones, 4
✆ +34 902 260 403
www.atleticodemadrid.com
M° Estadio Metropolitano.
Visites guidées à 22 € (avec l'entrée au musée). Horaires lors de la réservation sur le site Internet.
Après avoir quitté le mythique (mais vétuste) stade Vicente Calderón, l'Atlético a pris possession de cette enceinte flambant neuve en 2017. C'est en fait l'ancien stade olympique (20 000 places) qui a été réhabilité pour en faire un stade dernier cri d'une capacité de 68 000 places. A noter que le premier buteur de son histoire fut la star française Antoine Griezmann. La visite du stade et de son musée, fortement enrichi après le titre de champion de 2021, va régaler les amateurs !

STADE SANTIAGO BERNABÉU ★★

Avenida Concha Espina, 1
✆ +34 902 311 709
www.realmadrid.com
M° Santiago Bernabéu.
Près du paseo de la Castellana.
Pour la visite, réservation sur le site Web du club conseillée. Compter 15 € jusqu'à la fin des travaux en 2023.
Le Real Madrid dispose de l'un des plus beaux stades du monde, qui peut accueillir 82 000 spectateurs. Et le stade risque bien de devenir LE plus beau du monde en 2023, ou en tout cas le plus moderne. Entièrement repensé et rénové depuis 2020, avec

© NITO100 - ISTOCKPHOTO.COM

Cocido madrileno.

notamment la pose d'un toit rétractable, de la création de parkings, d'un musée, d'un restaurant, d'un centre eSport, d'un hôtel... Pour le programme des matchs, consultez le site du club où vous pouvez acheter vos places. Et on peut même faire la visite (réduite) du stade pendant les travaux, avant de retrouver un stadium tour plus classique après son inauguration avec visite des vestiaires, du tunnel qui mène à la pelouse, la salle des trophées, les bancs, la salle de conférence de presse…

RESTO

La vraie vie madrilène se fait dans la rue, au contact des gens. La ville est peuplée de milliers de bars, tavernes et restaurants. Il vous sera peut-être difficile de faire votre choix ? Voici un petit guide des différents établissements que l'on peut visiter.

© VICTORIABEE – ISTOCKPHOTO.COM

Jambon ibérico.

Les petits bars de quartier ou bares cutres sont des établissements qui ont de plus en plus de succès : la cuisine est souvent préparée par la femme du propriétaire du bar (qui est le serveur), vous avez donc l'impression de manger chez votre grand-mère.
De ce fait, les prix sont très raisonnables, et l'ambiance chaleureuse. On y chante, on y fait des rencontres, c'est là qu'on sent vraiment qu'on est en Espagne.
Les bodegas et tabernas, elles, ressemblent à nos bars à vin. La carte des vins se trouve souvent sur une grande ardoise et on accompagne son verre de raciones ou de plats régionaux. Aujourd'hui, passer une soirée dans une taverne de Madrid est incontournable. Très proches des petits bars, elles sont plus axées sur le vin, et ont donc un peu plus de classe.
Enfin, les restaurants se composent souvent de deux pièces. Dans la première, on prend simplement un verre accompagné de raciones à grignoter debout et dans la deuxième, l'on commande son plat assis à une table. Immanquable à Madrid, manier l'art de tapear, à savoir de changer de place plusieurs fois au cours de la soirée. Distiller les heures en picorant de succulentes tapas à droite et à gauche tout en prenant un verre.
Madrid, connue comme terre d'accueil de populations en tous genres, a profité de ce brassage pour récupérer toute une série de saveurs et de traditions culinaires différentes et en faire la singularité de la ville, si bien que les Madrilènes affirment « Es madrileña toda la cocina que se hace en Madrid » (« Toute cuisine qui se fait à Madrid est madrilène »). On retiendra notamment le cocido, qui est une sorte de garbure ou de pot-au-feu, le bocadillo de calamars, les abats, parmi lesquels les callos, mélange de tripes, enrichies de chorizo, jambon, boudin, tomate, oignon et paprika ; les riñones al jerez, rognons au xérès. La viande du taureau, la queue, notamment, se cuisine braisée avec du vin rouge. Les moutons et les cochons de lait rôtis au four sont également cuisinés dans la capitale ! Les Madrilènes étant très gourmands, on trouve également quelques sucreries typiques : la torrija comme du pain perdu trempé dans le lait, puis frit et recouvert de sucre et de cannelle ; la rosquilla de anis, une bugne à l'anis en forme d'anneau, baignée de sucre, de blanc d'œuf et de citron ; les turrones, confiseries aux multiples variétés, principalement composées d'amandes, se mangeant traditionnellement à Noël ; les mantecados, petites galettes au beurre ; les mazapanes, petits gâteaux secs au beurre ; les churros et porras, beignets ronds

ou allongés, se dégustant au petit déjeuner ou au goûter avec un bol de chocolat très épais.
A Madrid, l'une des choses importantes à ne pas oublier est l'horaire des repas. Les Madrilènes mangent tard, les restaurants commencent rarement leur service avant 13h. Idem le soir, on peut dîner rarement avant 21h, mais cela se prolonge couramment jusqu'à minuit. Manger est assez bon marché à Madrid, notamment grâce aux menus qu'offrent les restaurants le midi (le fameux menu del dia) : entrée, plat, dessert pour environ 10 à 14 €. C'est plus cher le soir, même si ça restera globalement meilleur marché qu'en France.

SHOPPING

Madrid est une ville parfaite pour le shopping et les fashion victims : showrooms, marques internationales, designers locaux, mode avant-gardiste et produits artisanaux... Il y a de quoi satisfaire tout le monde et tous les budgets. Il existe de nombreuses zones de shopping à Madrid et pour profiter de ses innombrables possibilités, autant programmer une bonne journée pour faire ses emplettes, si vous venez dépenser un peu.

- **La zone du centre,** autour de Sol, dans les rues Arenal, Mayor, Preciados, Carmen et Gran Vía est dédiée aux grandes enseignes de vêtements et de chaussures.
Autour de la plaza Mayor, de la Puerta del Sol et de la plaza de Oriente, on trouve de nombreux petits commerces traditionnels, voire centenaires : pharmacies, confiseurs, magasins liturgiques, céramistes et chapeliers par exemple.
- **Dans le quartier de Las Letras,** se trouvent de nombreux antiquaires, librairies, bijoutiers, mais également des magasins d'arts plus contemporains.
- **A cheval entre Malasaña et Chueca,** les rues Hortaleza, Fuencarral, Figueroa, Gravina, Espiritu Santo, Corredera Alta de San Pablo et leurs rues adjacentes abritent la zone avant-gardiste à ne surtout pas louper quand on vient faire du shopping à Madrid. Boutiques de jeunes créateurs, d'accessoires, d'artisanat : vous y dénicherez l'introuvable et saisirez le style madrilène.

BONS PLANS, MODE D'EMPLOI

- **De très nombreux *outlet*** (dépôts d'usine) ornent les rues de la capitale. C'est un bon moyen de faire des économies, tout en achetant de la marque. Pour cela, rien de tel qu'une exursion à la Rozas Village ou encore le Factory de San Sebastian de los Reyes (en dehors du centre).
- **Les soldes** sont à peu près aux mêmes dates qu'en France, mais durent bien plus longtemps en théorie (du 1er janvier au 31 mars ; du 21 juin au 21 septembre). Néanmoins, vous ne ferez des affaires que durant les six premières semaines.
- **Au marché aux puces du Rastro,** il ne faut pas hésiter à marchander pour faire de bonnes affaires.

Fuencarral, la rue à ne pas rater, est piétonne, et vous y trouverez toutes les grandes marques, notamment espagnoles et les petits designers des dernières tendances. Moins connus, les magasins de mode situés plaza Guardias de Corps et calle Conde Duque, près du centre culturel du même nom.
Les magasins de musique sont très nombreux dans la calle de la Palma ; on y trouve tous les genres, du rock au funk en passant par le jazz. Il faut entrer et fouiller. Par ailleurs, un petit marché réunit les magasins du quartier, chaque samedi matin, plaza Dos de Mayo.

- **Le quartier du nord de Chueca** avec les rues Argensola, Piamonte et Alamirante serait presque synonyme de design. Les créateurs indépendants, la mode urbaine, les boutiques de décoration... Allez y faire un tour !

- **Lavapiés,** quartier bariolé, multiculturel, est l'endroit où se concentrent les produits venus du monde entier, tout autant que des boutiques traditionnelles. Vous y trouverez également des dizaines d'antiquaires en vous rapprochant du quartier de La Latina.

- **Salamanca** enfin, avec les rues Serrano, Castelló, Goya, Jorge Juan, Príncipe de Vergara et Ortega y Gasset sont surnommées « kilomètre d'or ». Ici, se concentrent les boutiques les plus chic, les plus exclusives. Autant dire que pour venir faire ses achats ici, il faut en avoir les moyens.

- **Pour terminer,** on donnera deux petits spots à connaître si l'on s'éloigne du centre : Argüelles (surtout dans les rues Princesa et Alberto Aguilera) pour les grandes chaînes de mode et les grands magasins et AZCA (grande zone de commerces et de business qui s'étend du métro Nuevos Ministérios à la station Cuzco) pour ses enseignes internationales.

- **Horaires :** les petits commerces sont généralement ouverts du lundi

© AJA KOSKA – ISTOCKPHOTO.COM

au samedi de 9h30 à 14h et de 17h à 20h30. Quant aux magasins plus grands, c'est non-stop jusqu'à 22h.

SORTIR

Madrid est l'une des capitales européennes les plus célèbres pour les noctambules. Les bars se comptent par milliers et s'offrent à tous ceux que les nuits blanches n'effraient pas. On dit que c'est la ville du monde où il y a le plus de bars. Pour une tournée en règle, on commence vers 23h et on ne sait jamais quand on finit. Les rues du centre-ville ne désemplissent pas jusqu'au lendemain et il peut y avoir plus de monde dans les rues à 5h du matin qu'à midi.
Avec son identité propre, chaque quartier offre un style, une ambiance. Trois grands quartiers sont incontournables pour profiter de la nuit : Huertas, fréquenté largement par les touristes étrangers ; Chueca, le quartier gay attire beaucoup d'hétéros dans des bars à la déco recherchée avec une bonne musique lounge et électro ; Malasaña, avec des bars alternatifs. La difficulté est de comprendre qu'à Madrid, tout se mélange. Un bar peut devenir une piste de danse, un club peut être une salle de concert... Les cafés calmes en journée changent de visage la nuit... Bref, pour sortir, il ne faut pas se fier aux apparences, mais bel et bien suivre son instinct, avoir du flair et suivre la tendance !
Beaucoup de salles de concert sont des clubs, qui, en plus d'organiser des concerts, se convertissent en bons endroits pour sortir et danser après les spectacles. Quand les concerts ne sont pas gratuits, il coûte entre 5 et 20 € selon la salle.
Les meilleurs danseurs de flamenco, comme Sara Baras, montent régulièrement sur les planches des théâtres de Madrid.

Rendez-vous dans les bars de Huertas ou la Latina, où un chanteur-guitariste vous fera partager sa douleur et ses angoisses dans une ambiance castiza. Les tablaos sont une bonne option pour découvrir le flamenco le plus classique. Madrid déborde de théâtres, présentant les grands classiques du répertoire espagnol, des comédies musicales et des shows à base de flamenco. El barrio de las Letras, Huertas concentrent de nombreuses salles. Sur la Gran Vía, de grands théâtres présentent des shows grand public, souvent des comédies musicales.
Pour profiter des meilleurs tarifs, mieux vaut aller au cinéma El dia del espectador (« Le jour du spectateur »).

Pour connaître les bons plans de Madrid, obtenez les programmes aux offices du tourisme, et procurez-vous *La Guía del Ocio*, le vendredi, vendu dans tous les kiosques 1 €. Ce petit guide, très complet, dispose même de quelques pages en anglais. Le site Internet www.esmadrid.com présente les événements de la soirée. L'office du tourisme distribue gratuitement tous les mois un guide d'informations, en anglais, qui présente les principaux événements. *El País* diffuse les événements de la journée et le vendredi un supplément culturel, *On Madrid*. *El Mundo* publie le jeudi *El Cultural* et, chaque vendredi, *Metrópoli*. Il y a de nombreuses petites revues alternatives distribuées gratuitement dans les bars : *El Duende de Madrid*, *La Dinamo*, *Oxígeno*, *Go !*, *20 Minutos*, *Mundo Sonoro* (musique), qui regorgent de bons plans, adresses de bars, restaurants et magasins.

L'Instituto Francés de Madrid propose toutes les semaines des activités franco-espagnoles, souvent très intéressantes et bon marché (parfois gratuites). Rendez-vous sur le site : www.institutfrancais.es/madrid

PROFITER DE LA NUIT SANS SE RUINER

En vous promenant dans les rues de Madrid, notamment dans les quartiers des bars où les Madrilènes sortent, vous vous ferez certainement aborder par de jeunes gens avec des petits cartons. Ils vous proposent soit une boisson gratuite, un *chupito* en général, soit des bons de réductions, soit une entrée gratuite. Acceptez, vous ferez des économies, entrerez dans un lieu le plus souvent nouveau, où il y a beaucoup de monde. Ce sont généralement des endroits récemment ouverts qui ont recours à cette méthode, ou à l'occasion d'une fête. Si vous vous débrouillez bien, vous pouvez aller de bar en bar sans dépenser un centime !

IDÉES DE SÉJOUR

MADRID POUR LA PREMIÈRE FOIS

Madrid constitue une parfaite destination pour une escapade, histoire de pouvoir sur deux ou trois jours s'offrir un dépaysement et un changement de rythme radical.

JOUR 1 : MADRID DE LA MAISON D'AUTRICHE

Avec l'arrivée des Habsbourg au pouvoir à partir du début du XVIe siècle, grâce au mariage de Jeanne la Folle, fille des Rois catholiques, et Philippe le Beau, héritier des Habsbourg, Madrid prend un nouveau visage. La ville ne devient capitale qu'en 1561, quand Philippe II décide d'y transférer l'administration du royaume. C'est de cette époque que datent les premières grandes constructions madrilènes. Outre la plaza Mayor, le « paseo de la Maison d'Autriche » permet de découvrir des églises, des couvents...

- **Matin.** Commencez la visite par la plaza Mayor, qui est sans aucun doute la place la plus spectaculaire de Madrid, puis allez au couvent de las Descalzas (pieds nus). Jeanne la Folle, mère de Charles Quint, fut la fondatrice de ce monastère. On y conserve sa sépulture. Au cours des XVIe et XVIIe siècles, ce monastère a été étroitement lié aux femmes de la famille et la Cour, parmi lesquelles l'impératrice Marie, sœur de Philippe II.
- **Déjeuner.** Dans les alentours, vous aurez l'embarras pour vous trouver une table. Pour manger sur le pouce les fameux sandwichs aux calamars madrilènes, direction la Casa Rua, dans la petite rue qui relie la plaza Mayor au marché San Miguel.
- **Après-midi.** Le paseo del Arte, avec, au choix, l'un des trois grands musées. Les plus importants et connus sont le Prado et celui de la Reina Sofia. Le musée national de l'art Reina Sofia est célèbre pour le *Guernica* de Picasso, et pour ses collections d'art contemporain, permanentes ou éphémères. Le musée du Prado regroupe l'un des plus grands nombres d'œuvres picturales des XVIe, XVIIe et XVIIIe siècles des écoles italienne, flamande et espagnole. Le musée Thyssen-Bornemisza accueille une collection privée, cédée à la capitale espagnole en 1993. Cette collection regroupe des toiles allant d'œuvres anciennes du XVIIIe siècle aux avant-gardistes du XXe siècle.
- **Dîner.** Rien de tel qu'une incursion dans le quartier de Chueca ou de Malasaña, pour d'abord boire un verre, puis trouver un restaurant, car la zone en est truffée.
- **Soirée.** Restez dans le quartier, errez de bar en bar, allez danser ou écouter un concert.

JOUR 2 : MADRID DES BOURBONS

Le fils de Phillipe V, dont l'accès au pouvoir en 1714 marque l'avènement des Bourbons contre les Habsbourg, ambitionne de transformer Madrid. Il initie de grandes réformes urbaines et contribue à l'assainissement et à l'éclairage de la ville. Il ordonne l'installation d'un tout-à-l'égout, tandis qu'il fait placer des réverbères ici et là. Deux mesures très importantes, en ce sens qu'elles transforment radicalement l'hygiène et la sécurité de la ville. Le style néoclassique du XVIIIe siècle se perçoit dans l'architecture d'édifices comme le Palais royal ou le bâtiment du Museo del Prado, de parcs comme les jardins Sabatini ou le campo del Moro, de monuments comme les fontaines Cibeles ou Neptuno, la puerta de Alcalá. Charles III est une figure importante pour Madrid.

Matin. Commencer par le Palais royal. L'architecte italien Sachetti fut chargé par Philippe V de concevoir ce palais. Nombreux sont les artistes du XVIIIe siècle qui sont intervenus pour réaliser sa décoration. Dans ses salons, se trouvent des œuvres de Tiépolo, Lucas Jordán, Mengs et Goya. Voir aussi les jardins du campo del Moro. L'opéra, situé en face du Palais royal, peut se visiter avec un guide.

Déjeuner. Sur la plaza de Oriente, pour le décor sublime. Sachez néanmoins que les prix sont très élevés. Si votre budget est serré, privilégiez l'une des petites rues adjacentes à l'Opéra royal, qui recèle de charmantes tavernes.

Après-midi. De là, on regagne la Gran Vía, l'avenue des cinémas, des théâtres et du shopping, que l'on suit jusqu'à la plaza de Cibeles, où l'on admire la Casa de Correos et la fontaine. Ensuite, promenade dans le Retiro, avec la visite d'éventuelles expositions dans les petits pavillons. Et visite du Prado, si ça n'a pas été fait la veille.

Dîner dans le quartier de Huertas.

Soirée. Restez dans le coin, il y a plein de bars très sympas.

Fontaine de Cibeles.

JOUR 3 : BARRIO DE LA MORERÍA ET LE MADRID ARABE

Pour ce troisième jour, il faut se replonger dans le passé et être attentif.

Matin. Pour plonger dans les racines de Madrid, la muraille arabe constitue un excellent point de départ. Peu visible actuellement, elle est en cours de rénovation. Sur la calle de Segovia que l'on traverse, jeter un coup d'œil au viaduc équipé de panneaux transparents pour dissuader les candidats au suicide. Sur la plaza del Alamillo (petit peuplier) siégeait le tribunal arabe. Sur la plaza de la Paja (de la Paille), les paysans payaient leur dîme.

Déjeuner. Choisissez une petite taverne du charmant quartier de La Morería, où vivaient les Arabes après la reconquête, de Lavapiès ou bien l'une des terrasses de la costanilla de San Andres pour déguster quelques tapas ou *raciones*.

Après-midi. Visitez l'église de San Andrés, construite au Moyen Age, puis l'église de San Pedro el Real dont la tour de style mudéjar date du XIVe siècle. Visitez la petite église San Pedro El Viejo, à l'entrée de laquelle une ancienne plaque explique que c'était une mosquée. L'inscription « *Fui sobre agua edificada mis muros de fuego son* » (fondée sur l'eau et entourée de feu) fait référence aux eaux souterraines de Madrid et aux 190 tours de silex qui l'entouraient et qui produisaient des étincelles lorsqu'on frappait avec du fer.

Prenez la calle de San Justo jusqu'à la plaza du Cordón. Dans la maison de Juan de Vargas, San Isidro fut domestique avant d'être saint patron de Madrid. Passez devant la mairie de Madrid (XVIIe). La tour mudéjar San Nicolas est le monument original le plus ancien de Madrid (avec la muraille arabe).

Prenez l'apéro au marché San Miguel. Cet ancien marché classique a été reconverti en marché gourmand. Vous y trouverez des centaines de tapas différentes, des huîtres d'Arcachon ou de Galice, des pâtisseries finement préparées, des sushis... Difficile de faire son choix ! Savourez le tout autour d'un bon verre de vin du pays.

Dîner dans le quartier de La Latina en faisant évidemment un tour Cava Baja, LA rue des bars à tapas.

Soirée. Spectacle à la Corral de la Morería, la cathédrale de l'art du flamenco, où vous pouvez également dîner.

MALASAÑA, DE JOUR ET DE NUIT

Cet ancien quartier tranquille est le symbole des années 1980 et de la Movida. Depuis, le quartier a gardé sa population d'agitateurs, son côté non conformiste, parfois rock'n'roll, parfois hippie. Aujourd'hui, il est très à la mode, mais conserve toujours cette facette alternative. Le nom du quartier vient de l'histoire de Manuela Malasaña : un mythe, symbolisant la résistance du peuple madrilène contre les troupes françaises de Napoléon, le Dos de Mayo.

Matin. A l'angle de la Gran Vía et de la calle San Bernardo. Au n° 45 de San Bernardo, le ministère de la Justice se trouve dans un palais caractéristique de la fin du XVIIIe siècle : construction en granit, pierre et brique rouge. Adjacent, l'ancien séminaire de Jésuites (*noviciado* en espagnol, d'où le nom de la station de métro !) devint la première université madrilène, en 1836. Toujours sur le même trottoir, au n° 79, on arrive au monastère de Notre-Dame de Montserrat, fondé par Philippe IV en 1642, pour accueillir les moines qui vinrent de Montserrat durant le soulèvement de la Catalogne. En 1836, le couvent devint une prison pour femmes mais l'église demeurait. Il reprit finalement ses fonctions d'origine.

Aujourd'hui, seule la façade est intéressante, l'intérieur ayant été considérablement endommagé pendant la guerre civile. On tourne à gauche, dans la calle de Quiñones pour visiter l'église du couvent de las Comendadoras de Santiago. Dans la calle Quiñones, en allant vers l'église, on voit l'ancienne cheminée de la première brasserie de Madrid. L'architecture de l'église se distingue par son plan en croix grecque, avec des extrémités en demi-cercles et une belle coupole au centre. Dans la grande Hornacina un hommage est rendu à Santiago Matamoros (« tueur d'Arabes », surnom de Saint-Jacques-de-Compostelle).

Déjeuner. Un arrêt terrasse dans l'un des bars du quartier s'impose pour déjeuner. Vous y trouverez néanmoins des recoins très sympathiques où vous rassasier et vous mettre à l'aise, notamment autour de la plaza Juan Pujol ou de la plaza San Ildefonso.

Après-midi. La plaza del Dos de Mayo commémore la résistance des Madrilènes à l'invasion française. L'unique caserne d'artillerie ayant combattu contre les troupes de Murat et ses Mamelouks (les missionnaires de Napoléon) se trouvait sur cette place, d'où l'arc d'entrée commémoratif. Le reste des troupes ne résista pas car ils tombèrent dans le piège de Napoléon : il leur demanda de lui ouvrir les frontières afin d'accéder au Portugal ! Bien sûr, son dessein fut bien différent. Daoiz et Velarde, les deux personnages sculptés, dirigèrent les résistants. De là, on rejoint la rue piétonne de Fuencarral, et le musée municipal. Sa façade, construite par Pedro Ribera, est l'apogée du baroque madrilène.

Il faut absolument entrer dans l'église de San Antonio de los Alemanes, dont les murs sont recouverts de peintures, la seule de Madrid. Regardez les pieds du Christ en bois à gauche de l'autel, ils sont victimes d'une ferveur religieuse importante. Cette église nourrit plus de 200 pauvres par jour, vers 18h (sauf en août). Après la visite, profitez d'être dans le quartier pour faire du

Le quartier de Malasaña, Madrid.

shopping, les magasins ferment tard, par exemple les rues de la Palma, San Vicente Ferrer et Espiritu Santo, connues pour leurs bars, magasins de musique et de mode. De nombreuses fondations et centres culturels proposent d'intéressantes expositions.

Dîner. La calle del Pez est inévitable pour ses bars et son ambiance. La plaza del Dos de Mayo change complètement de visage à la nuit tombée et devient le centre névralgique du quartier. Pour dîner, le quartier et les alentours proposent toutes les cuisines, dans des cadres traditionnels ou plus contemporains.

Soirée. Le soir, la fête prend le dessus. Les tapas et les bars attirent le tout-Madrid. Il y a foule partout. Malasaña est un haut lieu du rock dans la capitale, mais également des sonorités electro et techno. Si ces musiques vous parlent, vous n'aurez que l'embarras du choix pour assister à un concert et pour danser.

MADRID DES ARCHITECTES

La visite débute de la Plaza de Cibeles, le symbole de Madrid, depuis le XVIIIe siècle à celui du XXIe siècle, et se poursuit sur l'axe nord-sud de Madrid, de plusieurs kilomètres, dont le tronçon le plus long s'étend de la Colón à la station de Chamartín : le paseo de la Castellana. Il peut être visité en partie avec le bus nº 27, en partie dans le métro.

Matin. Plaza de Cibeles à la Plaza de Colón à pied. Le tracé du Paseo de Recoletos date de la moitié du XIXe et comprend de larges trottoirs ombragés où foisonnent les terrasses animées jusqu'au petit matin. La Casa d'America se trouve dans l'ancien palais de Linares. Le palais du marquis de Salamanca (actuellement BBVA) se trouve au nº 10. Juste après, on trouve la bibliothèque nationale, avec, derrière elle, le Musée archéologique et, sur le côté, les jardins de la Découverte. Au nord, des terrasses des cafés Gijón et del Espejo, on aperçoit une statue de Valle Inclán. En arrivant sur la plaza de Colón, on voit la statue néogothique (3 m de haut) perchée sur son piédestal de 17 m. C'est à cet endroit que Recoletos devient la Castellana. En face, les deux tours de Colón offrent un exemple d'architecture « en l'air ». A la poutre du sommet est accroché le reste de l'édifice (23 étages). Elles furent construites en 1976. Les tours ont laissé dans l'ombre le palais de Villamejor (Castellana, 3). C'est un petit palais de la fin du XIXe dans lequel María de las Mercedes, mère du roi Juan Carlos Ier, a vu le jour. Depuis 1976, c'est le ministère des Administrations publiques qui l'occupe et des *guardias* civiles le surveillent 24h/24. Un peu plus haut, une façade colorée en azulejos attire l'attention, il s'agit de l'ancien édifice du journal *ABC*, devenu aujourd'hui un centre commercial.

Déjeuner. Faites un tour dans les rues alentour, il y a plein de restaurants.

Après-midi. Le Paseo de la Castellana. Arrivé à la plaza Emilio Castellar, politicien et orateur du siècle dernier, sa statue de Benlliure vous accueille. Dans la rue Martínez Campos (sur la gauche), on arrive à la maison-musée du peintre Joaquín Sorolla, dans le quartier de Chamberí. De retour à la plaza Emilio Castellar, suivre la rue Diego de León, à droite.

IDÉES DE SÉJOUR

Une fois parvenu à la rue Serrano (à hauteur de l'ambassade des Etats-Unis), prenez la direction nord. Passé les ambassades de Grèce et du Salvador, se trouve le musée Lazaro Galdiano. Traversez la plaza du Docteur Marañón où vécut l'écrivain Pío Baroja. Plus loin, à droite de la Castellana, à côté des jardins, le musée des Sciences naturelles construit en 1887. Derrière le musée, se trouvent le Conseil supérieur d'investigations scientifiques et une résidence d'étudiants. Juste avant les nouveaux ministères, la plaza San Juan de la Cruz, une main grassouillette sculptée par Fernando Botero se soulève. Plus loin, la tour Picasso mesure 150 m de haut et a 46 étages réservés aux bureaux. Son illumination lui permet d'être vue à 40 km de distance. A côté, la tour Europa, de 121 m de haut, abrite des entreprises sur 30 étages.

Sur la droite de la plaza de Lima s'élève la silhouette massive du stade Santiago Bernabeu, propriété du club de football Real Madrid. De l'autre côté de l'avenue, le Palais des congrès et des expositions présente un grand mur coloré de Juan Miró. En traversant l'avenue du General Perón, vous entrez dans le complexe Azca, de 200 ha. Sur la plaza de Castilla, l'édifice de l'INA à la façade unique est inratable. De l'autre côté de la place, la porte de l'Europe, une construction polémique, semble délimiter le nord de la ville. En fait, ce sont les tours Kío, jumelles, dont la particularité est qu'elles se penchent l'une vers l'autre. De 113 m de haut, elles sont en verre opaque. Après la plaza de Castilla, cette partie n'offre pas grand intérêt sinon la présence de la gare de Chamartín. Prenez le métro pour arriver à Quatro Torres (M° Begoña) pour le coucher du soleil.

Dîner et Soirée. Dans le quartier entre le M° Velázquez et Núnez de Balboa. Bars et restaurants branchés vous attendent.

VISITES GUIDÉES

Quand on n'a guère de temps, les visites guidées permettent de voir l'essentiel dans un temps record. L'office du tourisme de la municipalité de Madrid propose des visites de qualité en espagnol le plus souvent, parfois en anglais ou en français.

BRAVO BIKE
Calle Juan Álvarez Mendizábal, 19
✆ +34 917 582 945
www.bravobike.com
info@bravobike.com

A FAIRE LE LUNDI...

La plupart des musées et monuments ferment le lundi. Voici une liste des possibilités ce jour-là : le musée Reina Sofía, le musée du Prado, le Palais royal, l'académie des Beaux-Arts de San Fernando, le musée de Cire, la visite de la mairie, plaza de la Villa, à 17h, la fabrique royale de tapis, le jardin de Campo del Moro, la Casa de Campo, le Retiro, le jardin de Sabatini et le jardin botanique.

M° Plaza de España.
Visites guidées de 3h dans Madrid à partir de 25 €.
Bravo Bike propose des locations de vélos (mécaniques ou électriques) ou des visites accompagnées par des guides pour connaître Madrid et ses alentours (Chinchón, El Escorial, Ségovie et Tolède notamment).

CITY TOUR
✆ +34 902 024 758
http://madrid.city-tour.com
customers-mad@city-tour.com
Tous les jours de 9h à 22h en haute saison (mars à octobre) et de 10h à 18h en basse saison (novembre à février).
CityTour, l'autobus à ciel ouvert, traverse Madrid du lever au coucher du soleil. Le ticket donne la possibilité de monter et de descendre du bus autant de fois qu'on le souhaite pendant 24h ou 48h (selon celui que vous aurez acheté) et de participer aux trois circuits.

ESPAGNE TOURISME
✆ +34 626 799 654
espagne-tourisme.com
contact@espagne-tourisme.com
A partir de 20 € la visite ou l'excursion.
Tenue par un couple franco-espagnol résidant à Madrid, cette agence sérieuse propose les visites des principaux points d'intérêt de la capitale espagnole, ainsi que des excursions dans tout le pays.

LAS VENTAS TOUR
Calle Alcalá, 237
Plaza de Toros de Las Ventas
✆ +34 687 739 032
www.lasventastour.com
info@lasventastour.com
Visites individuelles avec audioguide et nocturnes en été : 14,90 €. Entrée gratuite pour les enfants de moins de 5 ans.
Las Ventas Tour propose des visites guidées originales au cœur des arènes pour découvrir tous les secrets de ce lieu unique avec un audioguide ou un guide privé.

MADRID POUR VOUS
Calle de San Nicolas, 3
✆ +34 644 714 200
madridpourvous.com
info@madridpourvous.com
À partir de 25 € pour une visite guidée à pied et à partir de 35 € à vélo.
Leire, une Espagnole qui a fait ses études à Paris, propose d'excellentes visites guidées de la capitale... et dans la langue de Molière s'il vous plaît ! Les options sont très nombreuses.

BONS PLANS

- **L'abonnement Paseo del Arte** permet de visiter une fois, pour 32 €, le Prado, le Reina Sofía et le Thyssen-Bornemisza.
- **La plupart des musées nationaux** ont des horaires, ou des jours, de visite gratuite. C'est le meilleur moyen de découvrir les collections. Par exemple, le Reina Sofia est gratuit de 19h à 21h le lundi et du mercredi au samedi et le dimanche de 13h30 à 19h, et le Thyssen-Bornemisza, le lundi de 12h à 16h.

FESTIVITÉS

Madrid vit au rythme de ses fêtes ! Les saints patrons des quartiers donnent lieu à des défilés religieux qu'il faut aller voir. Les habitants défilent derrière les Vierges, des corridas s'organisent et des bals clôturent la soirée. L'ambiance est chaleureuse et les générations se mêlent. Pour tout savoir : www.esmadrid.com.

JANVIER

CHEVAUCHÉE DES ROIS MAGES

De la plaza de San Juan de la Cruz à la Plaza de Cibeles
5 janvier.
En Espagne, on fête beaucoup plus les Rois Mages que le Père Noël. Les enfants ont leurs cadeaux ce jour-là.

FÉVRIER

CARNAVAL

Pendant quatre jours, à la mi-février.
Cette vieille tradition un peu abandonnée est revenue à la mode depuis une quinzaine d'années, avec une grande participation des Madrilènes. Le moment le plus important du carnaval de Madrid est sans doute *El entierro de la Sardina* (enterrement de la sardine), qui consiste à brûler les figures du carnaval pour la clôture de celui-ci.

MARS

SEMANA SANTA

Pendant une semaine, en mars.

Carnaval.

Semana Santa.

Cette célébration est peut-être l'événement le plus important pour tous les Espagnols. Des processions de vierges rythment ces journées. A Madrid, on la voit assez sobre, mais dans toutes les autres régions (notamment l'Andalousie), la Semaine Sainte fait l'objet d'une forte dévotion.

MAI

DOS DE MAYO

Chaque 2 mai.

Les Espagnols commencèrent le 2 mai 1808 à expulser les envahisseurs français de leur territoire. Tous les ans, les Madrilènes remémorent cette date avec des événements dans le centre de la capitale.

FERIA DEL LIBRO DE MADRID

www.ferialibromadrid.com
info@ferialibromadrid.com

Entre fin mai et mi-juin.

Le parc du Retiro devient une librairie à ciel ouvert en accueillant chaque année, depuis 1941, cette foire au Livre.

FIESTAS DE SAN ISIDRO

www.sanisidromadrid.com

Pendant 4 jours autour du 15 mai.

Fête de San Isidro, le patron de Madrid (le 15 mai). Toutes sortes de fêtes, religieuses et populaires. La plus grande corrida de l'année a lieu le 15.

Vendredi Saint.

JUIN

FÊTE DE SAN JUAN

Soirée du 23 juin.

La nuit de la Saint-Jean est la plus courte de l'année. Des feux sont allumés dans le parc du Retiro afin, selon la légende, de donner plus de force au soleil.

MADRID PRIDE – DÍA DEL ORGULLO GAY

www.madridorgullo.com

Dernier week-end de juin ou le premier de juillet.

La Gay Pride espagnole. Dans le quartier homo de Chueca : bonne ambiance garantie.

AOÛT

SAN LORENZO, SAN CAYETANO ET VIRGEN DE LA PALOMA

Pendant une semaine, autour du 15 août.

Les habitants des quartiers de La Latina et de Lavapiés de Madrid sortent dans les rues pour honorer leurs saints patrons. Chapiteaux, bars dans la rue... On se croirait dans une fête de village.

VIRGEN DE LA PALOMA

Pendant une semaine, autour du 15 août.

Les fêtes de la Vierge de la Paloma sont le plus grand événement de l'année pour le quartier de la Latina. *Botellon* et bars dans la rue, une ambiance de quartier chaleureux.

OCTOBRE

FÊTE NATIONALE

Le 12 octobre.

C'est le jour de la fête nationale espagnole, en commémoration de la découverte de l'Amérique. Défilé des forces armées à la clé en présence de la famille royale et des représentants politiques les plus importants.

DÉCEMBRE

JOUR DE LA CONSTITUTION

Le 6 décembre.

Férié. Célébration de l'acceptation de la Constitution par les Cortés espagnoles.

NOËL

Le 25 décembre.

Les rues sont illuminées jusqu'à la fête des Rois. Beaucoup de petits marchés typiques, notamment sur la plaza Mayor.

NOUVEL AN

Le 31 décembre.

L'horloge de Puerta del Sol sonne les douze coups de minuit, la tradition veut que l'on mange un grain de raisin à chaque coup.

Édifice Metropolis.

© JZORAN – FOTOLIA

SOL ET GRAN VÍA

IMMANQUABLE DANS CE QUARTIER

- Faire du shopping sur Gran Vía et calle Fuencarral.
- Prendre en photo la célèbre statue de l'Ours et l'Arbousier sur la Puerta del Sol.
- Admirer les impressionnants édifices de Gran Vía, notamment le Metrópolis.
- S'offrir des places pour l'une des salles de spectacles de Gran Vía.

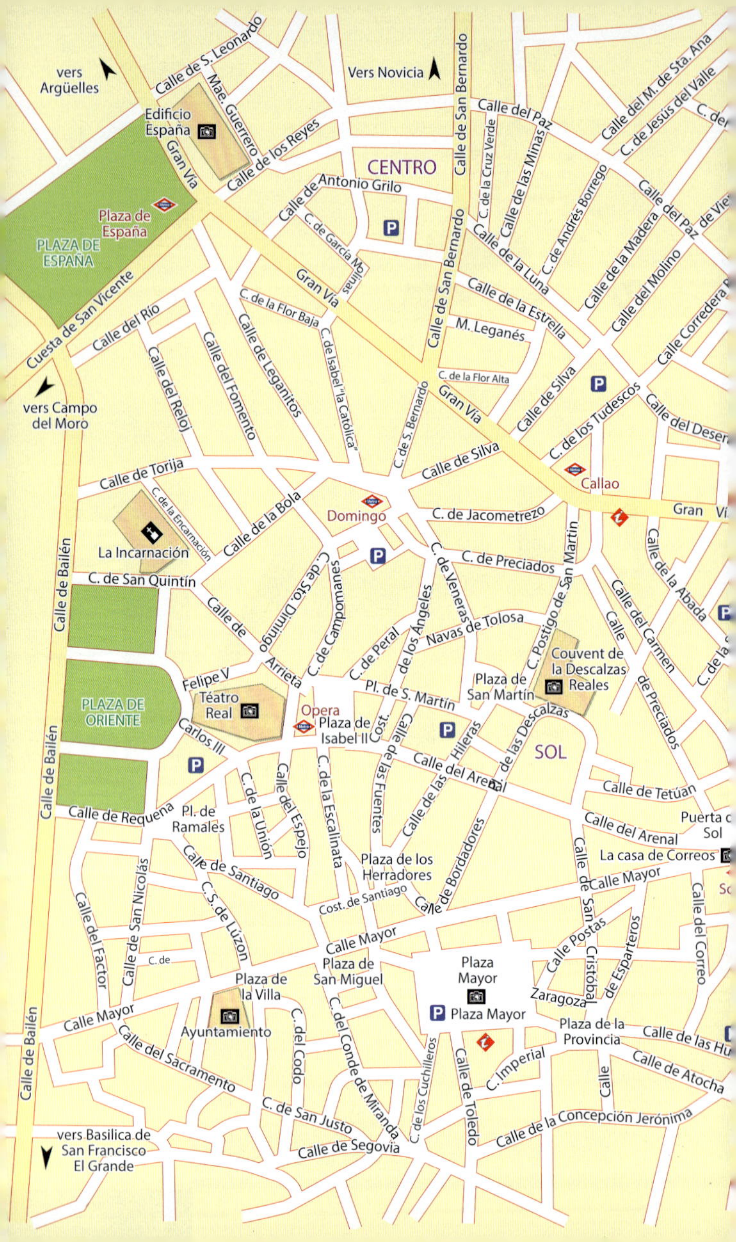
vers Argüelles
Calle de S. Leonardo
Vers Novicia
Calle de San Bernardo
Edificio España
Mae. Guerrero
Calle de los Reyes
Gran Vía
CENTRO
Calle del Paz
C. de la Cruz Verde
Calle de las Minas
Calle del M. de Sta. Ana
C. de Jesús del Valle
Antonio Grilo
Calle de
Plaza de España
PLAZA DE ESPAÑA
C. de García Molinas
Calle de la Luna
C. de Andrés Borrego
Calle de la Madera
Calle del Paz
Calle del Molino
Calle Corredera
Cuesta de San Vicente
Calle del Río
C. de la Flor Baja
Calle de la Estrella
M. Leganés
C. de la Flor Alta
vers Campo del Moro
Calle del Reloj
Calle del Fomento
Calle de Leganitos
C. de Isabel "la Católica"
C. de S. Bernardo
Calle de Silva
C. de los Tudescos
Calle del Desengaño
Calle de Torija
C. de la Encarnación
Calle de la Bola
Domingo
Callao
Gran Vía
C. de Jacometrezo
La Incarnación
Calle de Bailén
C. de San Quintín
C. de Sto. Dimingo
C. de Campomanes
C. de Veneras
C. de Preciados
C. Postigo de San Martín
Calle de la Abada
Calle de Arrieta
C. de Peral
C. de los Ángeles
Navas de Tolosa
Calle del Carmen
Calle de Preciados
Felipe V
Téatro Real
Opera
Plaza de Isabel II
Pl. de S. Martín
Plaza de San Martín
Couvent de la Descalzas Reales
PLAZA DE ORIENTE
Carlos III
Cost.
Calle de las Fuentes
Calle de las Hileras
C. de las Descalzas
SOL
Calle del Arenal
Calle de Tetúan
Calle de Requena
Pl. de Ramales
C. de la Unión
Calle del Espejo
C. de la Escalinata
Calle de Bordadores
Calle del Arenal
Puerta del Sol
La casa de Correos
Calle de Santiago
C. S. de Luzon
Plaza de los Herradores
Cost. de Santiago
Calle
Calle Mayor
Calle de San Cristóbal
Calle del Correo
Calle del Factor
Calle de San Nicolás
C. de
Calle Mayor
Plaza de San Miguel
Plaza Mayor
Calle Postas
Calle de Esparteros
Zaragoza
Plaza de la Villa
Ayuntamiento
C. del Codo
C. del Conde de Miranda
Plaza Mayor
Plaza de la Provincia
Calle de las Huertas
Calle Mayor
Calle del Sacramento
C. Imperial
Calle de Atocha
C. de los Cuchilleros
Calle de Toledo
Calle
C. de San Justo
Calle de la Concepción Jerónima
vers Basilica de San Francisco El Grande
Calle de Segovia

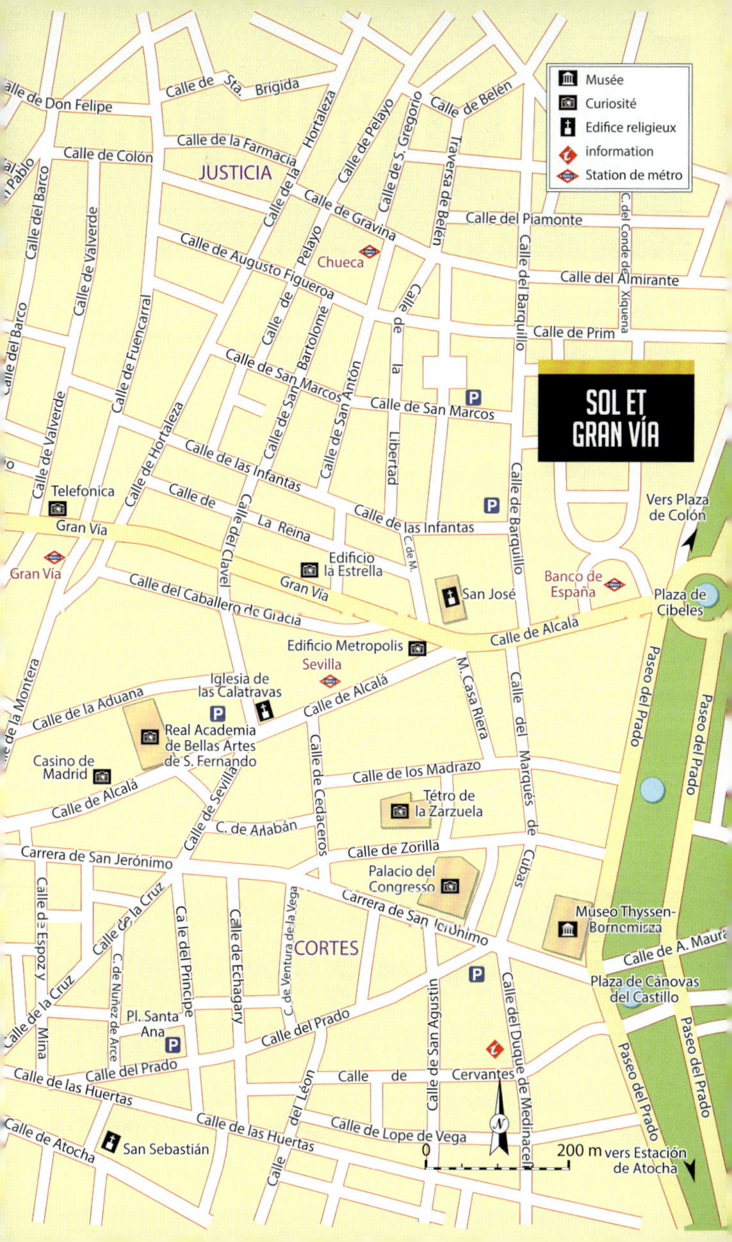
SOL ET GRAN VÍA
Musée
Curiosité
Edifice religieux
information
Station de métro
JUSTICIA
CORTES
Calle de Don Felipe
Calle de Sta. Brígida
Calle de la Farmacia
Calle de Colón
Calle del Barco
Calle de Valverde
Calle de la Hortaleza
Calle de Pelayo
Calle de S. Gregorio
Calle de Belén
Traversa de Belén
Calle de Gravina
Calle del Piamonte
C. del Conde de Xiquena
Calle del Almirante
Calle de Augusto Figueroa
Chueca
Calle de Bartolomé
Calle de Fuencarral
Calle de la Libertad
Calle del Barquillo
Calle de Prim
Calle de San Marcos
Calle de San Bartolomé
Calle de San Antón
Calle de Hortaleza
Calle de las Infantas
Calle de Barquillo
Vers Plaza de Colón
Telefonica
Gran Vía
Calle de La Reina
Calle del Clavel
C. de M.
Edificio la Estrella
Gran Vía
Calle del Caballero de Gracia
San José
Banco de España
Plaza de Cibeles
Calle de Alcala
Edificio Metropolis
Sevilla
Calle de la Montera
Calle de la Aduana
Iglesia de las Calatravas
Calle de Alcalá
M. Casa Riera
Calle del Marqués de Cubas
Paseo del Prado
Real Academia de Bellas Artes de S. Fernando
Casino de Madrid
Calle de Alcalá
Calle de Sevilla
Calle de Cedaceros
Calle de los Madrazo
Tétro de la Zarzuela
C. de Arlabán
Carrera de San Jerónimo
Calle de Zorilla
Palacio del Congresso
Calle de Espoz y Mina
Calle de la Cruz
Calle del Principe
Calle de Echagary
C. de Ventura de la Vega
Carrera de San Jerónimo
Museo Thyssen-Bornemisza
Calle de A. Maura
Plaza de Cánovas del Castillo
C. de Nuñez de Arce
Pl. Santa Ana
Calle del Prado
Calle de San Agustin
Calle del Duque de Medinaceli
Calle de Cervantes
Calle de las Huertas
Calle del Léon
Calle de Lope de Vega
Calle de Atocha
San Sebastián
0
200 m
vers Estación de Atocha

SOL ET GRAN VÍA

En vous situant dans ce quartier, vous aurez tout à portée. Sol et Gran Vía, zone située entre Los Austrias et Huertas au sud, Chueca et Malasaña au nord, et plaza de España à l'est, est le cœur touristique de la ville. Elle est très commerçante et très vivante de jour comme de nuit. C'est ici aussi que se concentrent beaucoup d'hôtels, pour accéder aux principaux centres d'intérêt touristique à pied. On croise dans ce quartier tout le monde : badauds, touristes, commerçants, prostituées... Peut-être ne manque-t-il que les Madrilènes, qui préfèrent fuir cette zone toujours pleine à craquer.

La Puerta del Sol est en dehors de l'enceinte de la ville jusqu'en 1570. Il semble que le nom de la place vienne d'un soleil sculpté sur la porte de ce qui était alors une muraille qui survécut jusqu'au XVIe siècle. Mais les théories sont confuses sur l'origine de son nom. La place a une forme elliptique et dix rues s'y rencontrent. Sous l'horloge du bâtiment de la Communauté autonome de Madrid, le Nouvel An est célébré par une foule en liesse. Au début de la calle Preciados, l'ours et l'arbousier (*el oso y el madroño*) sont l'emblème de la capitale. Ils rappellent qu'autrefois de grandes étendues d'arbousiers peuplées d'ours et autres gibiers entouraient la ville. La Puerta del Sol est le théâtre de grands événements. Le 2 mai 1808, c'est ici qu'a lieu le soulèvement contre Napoléon, la proclamation de la Constitution de Cadix en 1812 et la célébration de la IIe République en 1931. Au siècle dernier, d'anciens bâtiments furent détruits et le lieu a grandi. Aujourd'hui, c'est une place

Gran Via.

avec des fontaines, qui n'a que son statut de centre et sa renommée pour rappeler sa superbe d'antan. Elle est très animée jour et nuit, et sert généralement de lieu de rendez-vous. La Puerta del Sol, symbole de la capitale (et entièrement restaurée entre 2022 et 2023), kilomètre zéro des routes d'Espagne, est aussi le centre commercial de la ville. Il suffit de remonter vers la plaza Callao, vers la Gran Vía, pour s'en rendre compte. Les rues El Carmen et Preciados (la plus chère de la ville au mètre carré) sont généralement noires de monde. C'est aussi le quartier des cinémas grand public.

La Gran Vía est emblématique de la ville. L'idée de la Gran Vía, la « grande voie », de presque 2 km de long, surgit de la nécessité de relier la plaza de Cibeles et celle de España, dans le but d'améliorer la connexion entre le centre de Madrid, le quartier de Salamanca et celui de Moncloa-Argüelles. On a dû démolir tout un quartier pour la percer. Les travaux en trois temps marquèrent de leur sceau l'architecture. Le 4 avril 1910, le roi Alfonso XIII inaugure sa construction. Le premier tronçon, de 1910 à 1917, se situe entre la calle Alcalá et l'édifice de Telefónica. Il est l'œuvre de l'architecte Carlos Velasco, qui lui donne une touche de glamour avec la construction d'édifices de style historiciste. Ensuite, avec l'extension de 1922 à 1925 jusqu'à Callao, le style français et bourgeois est privilégié. C'est aussi l'irruption du premier gratte-ciel de Madrid, avec l'édifice Telefónica par exemple. A partir de 1925, c'est le prolongement jusqu'à la plaza de España, dans un style moderne. Apparaissent alors les premiers cinémas dont une partie s'est aujourd'hui transformée en théâtres. L'avenue est donc bordée par des édifices de différents styles architecturaux et des commerces centenaires. La Gran Vía a un côté Broadway ou Cinquième Avenue de New York. Le quartier est truffé de magasins, de bars et de cafés, de cinémas et de théâtres.

Accès. Côté transports, aucun problème : le métro et les trains de banlieue arrivent ici. On descend aux stations Sol, Callao, Gran Vía ou Sevilla. A pied, tout est à proximité.

VISITER

Le quartier est bordé d'édifices impressionnants que l'on ne manquera pas d'admirer en circulant à pied sur les grandes artères, comme en s'engouffrant dans les ruelles plus petites de la ville. Centre touristique, vous y trouverez toutes les grandes marques pour y faire vos emplettes. Le long de la Gran Vía, admirez les anciens cinémas reconvertis il y a une vingtaine d'années en salles de spectacle.

CASA DE CORREOS

Plaza Puerta del Sol, 7
M° Sol.

La casa de Correos fut construite sous le règne de Charles III. Elle abrita la Direction générale de la sécurité, redoutée à l'époque franquiste, et est actuellement le siège du gouvernement autonome de la Communauté de Madrid. L'édifice, de la fin du XVIIIe siècle, a été construit d'après les plans de Ventura Rodriguez, dans un style néoclassique. Un siècle plus tard, on lui ajoute l'horloge qui lui apporta son heure de gloire au sein de la vie madrilène : c'est devant elle que les habitants de la capitale fêtent la nouvelle année tous les 31 décembre.

Casino de Madrid.

CASINO DE MADRID ★

Calle de Alcalá, 15
✆ +34 915 211 735
www.casinodemadrid.es
info@casinodemadrid.es
M° Sevilla ou Sol.

Édifice Metropolis sur Gran Vía.

Le casino de Madrid est fondé en 1836, mais c'est en 1903 qu'il est construit à son emplacement actuel. Le bâtiment est l'œuvre de Luis Esteve, qui en fait le plan, et de José López Sallaberry qui le construit. L'entrée est magnifique, comme l'escalier d'honneur et le salon royal avec ses peintures de Romero de Torres, Anselmo Miguel Nieto y Manuel Benedito. Aujourd'hui, c'est un centre culturel privé. Pour visiter l'intérieur, il faut être membre ou aller dans son prestigieux restaurant. Les connaisseurs disent que c'est le meilleur de la capitale.

EDIFICIO METROPOLIS ★★

Calle de Alcalá, 39
A l'angle de Gran Vía.
Devenu un symbole de Madrid, l'édifice (en rénovation jusqu'en 2023) est coiffé d'une grande coupole d'ardoise surmontée d'une victoire ailée. Magnifique de jour comme de nuit. A l'angle de la calle de Alcalá et de Gran Via, on la voit très bien du *roof*

top du Circulo de Bellas Artes, ainsi que de la terrasse de l'hôtel Principal Madrid.

FUNDACIÓN TELEFONICA ★★

Gran Vía, 28
www.fundaciontelefonica.com
contacto@fundaciontelefonica.com
M° Gran Via.
La fondation est ouverte du mardi au dimanche de 10h à 20h.
Son horloge lumineuse, tout en haut de l'immeuble, ponctue la vie nocturne madrilène. La fondation propose toute l'année des expositions temporaires de peinture, photographie...

IGLESIA DE LAS CALATRAVAS ★

Calle de Alcalá, 25
M° Sevilla.
Anciennement Convento de la Concepcion Real (couvent la Conception royale), cette curieuse église rose en forme de croix latine à la coupole énorme entourée de huit fenêtres est dirigée par les sœurs de l'ordre de la Calatrava. A l'intérieur, jeter un œil au retable de 1724 et aux sculptures de Pablo González Velázquez.

© PHILIPPE GUERSAN – AUTHOR'S IMAGE

Immeuble Telefonica, Gran Vía.

À DÉCOUVRIR

Ce n'est certes pas le Prado mais ses collections permanentes offrent un très bel ensemble d'œuvres de l'art espagnol, italien et flamand. On y retrouve notamment Goya, Rubens, Mengs, Bassano ou Van Loo. La sculpture est également bien présente. Une agréable visite en perspective.

REAL ACADEMIA DE BELLAS ARTES DE SAN FERNANDO ★★

Calle Alcalá, 13
✆ +34 915 240 864
M° Sol ou Sevilla.
Ouvert du mardi au dimanche de 10h à 15h. 8 €. Gratuit pour les moins de 18 ans et le mercredi. Fermé en août.
L'académie royale des Beaux-Arts date de 1774, sous Charles III. 58 salles sont destinées à la peinture du XVIe au XIXe siècle. Elle est peu visitée, mais vaut vraiment le coup d'œil.

Couvent de las Descalzas Reales.

MONASTÈRE DE LAS DESCALZAS REALES ★★

Plaza de las Descalzas, 3
✆ +34 914 548 800
www.patrimonionacional.es
info@patrimonionacional.es
M° Sol et Callao.
Ouvert du mardi au samedi de 10h à 14h et de 16h à 18h30, dimanche et jours fériés de 10h à 15h. Compter 6 € l'entrée.
Le palais de Charles Ier et Isabel de Portugal est transformé au XVIe siècle en couvent pour les franciscaines et notamment pour les femmes de sang royal ayant choisi la vie monacale. Les collections de peintures, sculptures et tapis proviennent de leur dot pour partie et comprennent quelques grands maîtres (Titien, Rubens, Bruegel...). Le couvent est l'un des rares de Madrid à encore abriter des religieuses. La visite guidée est à heure fixe.

STATUE DE L'OURS ET DE L'ARBOUSIER ★

Puerta del Sol
El Oso y el Madroño est une statue emblématique de la ville de Madrid. Ses deux protagonistes, l'ours et l'arbousier rappellent qu'autrefois, de grandes étendues d'arbousiers peuplées d'ours et autres gibiers entouraient la capitale. La légende raconte que c'est pour rendre hommage au roi Alfonso XI, qui tua un ours dans les environs de Madrid, que l'animal fut

Puerta del Sol, l'ours et l'arbousier, emblèmes de la capitale.

intégré au blason de la ville. Puis l'arbousier serait apparu entre le XIIIe et le XIVe siècle après que l'Eglise ait rétrocédé à la ville des pâturages et des zones arborées en périphérie de Madrid. Une manière de célébrer et de sceller cet accord historique.

SE RESTAURER

Nous vous conseillons d'éviter cette zone pour vous restaurer. C'est cher et souvent de mauvaise qualité. Voici cependant quelques bonnes adresses.

SUR LE POUCE

LAS BRAVAS

Calle Álvarez Gato, 3
✆ +34 915 228 581
www.lasbravas.com
dani.blanco40@gmail.com
M° Sol.
Ouvert tous les jours de 12h30 à 16h30 et de 19h à 23h30 (0h30 vendredi et samedi). Compter entre 10 € et 20 € le repas.
Las Bravas est spécialisé dans les dés de pommes de terre à toutes les sauces, idéal pour calmer toute fringale. Leur *salsa brava* est d'ailleurs brevetée ! D'après les Madrilènes, la meilleure du tout-Madrid !

Autres adresses : Calle Espoz y Mina, 13 ✆ +34 915 213 507 • Pasaje Matheu, 5 ✆ +34 915 215 141

MUSEO DEL JAMÓN

Carrera de San Jeronimo, 6
✆ +34 915 210 346
www.museodeljamon.es
museo@museodeljamon.es
M° Sol.
Ouvert tous les jours de 9h à minuit. Tapa à partir de 1 €.

© STÉPHAN SZEREMETA

Museo del Jamon.

Rien à voir avec un musée, c'est néanmoins le paradis du jambon. Vous trouverez de nombreux Museo del Jamón dans Madrid. C'est l'endroit idéal pour les fous de charcuterie et de jambon servis en tapas. Le décor est alléchant et les prix tout petits, dans une ambiance traditionnelle.

PAUSE GOURMANDE

ANTIGUA PASTELERÍA DEL POZO

Calle del Pozo, 8 ✆ +34 915 223 894
www.antiguapasteleriadelpozo.com
antiguapasteleriaelpozo@gmail.com
M° Sevilla.
Ouvert du mardi au samedi de 9h30 à 14h et de 17h à 20h et le dimanche de 9h30 à 14h.
Une antique pâtisserie où, bien que trois générations s'y soient succédé, les délices sucrés sont incontournables. Goûtez tout ce que vous voulez, tout y est succulent, notamment les *roscones de Reyes*, ces gâteaux de Noël que l'on trouve ici toute l'année.

CELICIOSO
Calle Hortaleza, 3
✆ +34 915 318 887
www.celicioso.es
hola@celisioso.es
M° Gran Via.
Ouvert tous les jours de 9h à 21h30.
Compter à partir de 3,20 € la pâtisserie.
Santi, après un séjour aux Etats-Unis, a lancé sa pâtisserie sans gluten et c'est une réussite. *Cheesecakes*, tartes, *cupcakes* ou cookies régalent les amateurs madrilènes... et le champion de tennis Novak Djokovic, apôtre du « sans gluten » par ailleurs. Si le *carrot cake* est le plus vendu, la star de la petite balle jaune a visiblement préféré le *banana bread*... Avis aux amateurs !

BIEN ET PAS CHER

LA FRAGUA DEL VULCANO
Calle Alvarez Gato, 9
✆ +34 915 223 605
M° Sol.
Ouvert tous les jours de 12h à 2h du matin. Compter de 7 € à 19 € le plat.
Un agréable bar à tapas où l'on picore en terrasse accoudé à des tonneaux ou à l'intérieur, dans une ambiance typiquement espagnole, agrémentée de carrelage jaune et de vieilles affiches. Le week-end, l'ambiance monte d'un cran et on joue des coudes pour accéder au bar.

LA PULPERIA DE VICTORIA
Calle Victoria, 2
✆ +34 910 804 929
www.pulperiadevictoria.com
M° Sol ou Sevilla.
Du lundi au jeudi de 13h à 1h et du vendredi au dimanche de 13h à 2h.
Compter entre 20 et 30 € pour un repas.
Pour les fruits de mer, direction la Pulperia de Victoria, à deux pas de Sol. Les produits sont frais et, entre le poulpe grillé, aux crevettes ou à l'ail, les gambas, les calamars ou le ragoût de Galice, il y a de quoi faire pour les amateurs de saveurs iodées. Et pour les carnivores, on y sert également de très beaux morceaux de viandes galiciennes. Vivement recommandé !

SPÉCIAL GOURMANDS

Les Madrilènes sont gourmands et ne se privent pas de petites pauses sucrées tout au long de la journée. L'une des meilleures adresses pour succomber à la tentation ne date pas d'hier ! En effet, elle vit le jour en 1894 et a ainsi vu défiler plusieurs générations d'amateurs...

LA MALLORQUINA
Puerta del Sol, 8 ✆ +34 915 211 201
www.pastelerialamallorquina.es – info@pastelerialamallorquina.es
M° Sol.
Ouvert tous les jours de 8h30 à 21h15.
A la sortie du métro, il ne faut pas louper cette pâtisserie légendaire. Croissants, pains au chocolat, gros gâteaux à la crème... se dégustent sur place, avec un café ou un chocolat, à l'étage. Le meilleur : les truffes au chocolat géantes !

Autre adresse : Calle Mayor, 2

POUR BIEN CHOISIR SES TAPAS !

Ir de tapas est clairement le sport préféré des Madrilènes. D'un bout à l'autre de la ville, les bars abondent en *pinchos*, tapas ou *raciones*. La tapa est un amuse-gueule plus ou moins consistant, originalement donné gratuitement avec une consommation. Aujourd'hui, il faudra commander les tapas payantes, mais une fois sorti du centre touristique, les basiques sont gratuites ! Le *pincho* est typique du Pays basque ; il s'agit d'une petite tranche de pain, recouverte de poisson, de fromage, ou de ce que la cuisinière trouve au fond de son frigo. La *ración* est une portion beaucoup plus grande. Voici un petit lexique des classiques que vous trouverez à la carte.

- **Aceitunas** : olives noires ou vertes, marinées avec des herbes, ou bien dénoyautées et farcies aux anchois ou aux poivrons rouges.
- **Albondigas** : boulettes de viande généralement accompagnées d'une sauce tomate.
- **Bacalao** : morue.
- **Boquerones en vinagre** : filets d'anchois macérés dans du vinaigre à l'ail et au persil.
- **Calamares fritos** : anneaux de calamar frits à l'huile.
- **Chorizo** : saucisse au *pimenton* (paprika) et à l'ail, plus ou moins piquante et servie frite ou froide selon la variete.
- **Cortezas** : couenne du cochon frite en petits morceaux, elle se mange comme des chips !
- **Croquetas** : croquettes de béchamel épaisse généralement mélangées à du jambon, du poisson ou du poulet, roulées dans de l'œuf battu et de la chapelure avant d'être frites.
- **Ensalada de pimientos** : salade de poivrons rouges cuits au four et pelés, souvent accompagnée de thon.
- **Ensaladilla rusa** : salade de pommes de terre, poivrons rouges, carottes, petits pois, crevettes ou thon, agrémentée de mayonnaise.
- **Fritura de pescados** : mélange de différents petits poissons frits.
- **Gambas a la plancha** : crevettes passées au grill.
- **Jamón serrano** : *serrano* vient de *sierra*, la montagne où le jambon cru est séché et salé. On le sert en *lonchas*, en tranches fines, ou en *tacos*, en petits cubes.
- **Mariscos** : fruits de mer. Il y en a une grande variété : *langosta* (langouste), *bogavante* (homard), *cigala* (langoustine), *ostra* (huître), *langostinos* (grosses crevettes), *percebes*, très recherchés (pouce-pied), *centolla* (araignée de mer)... et bien d'autres.
- **Mejillones a la marinera** : moules bouillies dans une sauce au vin blanc, à l'ail, à l'oignon et au persil.

LA RIA

Pasaje de Matheu, 1
✆ +34 915 215 155
Dimanche au jeudi 11h30-15h30 et 19h30-23h30, vendredi et samedi 11h30-16h30 et 19h30-0h30. Entre 15 € et 20 € le repas.
Bienvenue dans le temple de la moule ! Cette petite adresse propose le fruit de mer sous toutes ses formes : à la vapeur, au citron, à l'ail, au vinaigre, etc... Trois tables sur la terrasse, quelques-unes à l'intérieur suffisent pour se régaler depuis 1948.

BONNES TABLES

LA BARRACA

Calle Reina, 29
✆ +34 915 327 154
www.labarraca.es
reservas@labarraca.es
M° Gran Vía ou Banco de España.
Ouvert de 13h30 à 16h15 et de 19h30 à 23h15. Compter entre 13 € et 22,50 € le plat. Réservation conseillée le week-end.
Une institution à Madrid depuis 1935 où l'on déguste le *desgarrat* (salade de poivrons grillés et morue à l'huile d'olive), les *buñuelos de bacalao* (beignets de morue), les paellas dans la plus pure tradition valenciane, ou la brochette de mer aux grosses crevettes. Les desserts sont maison. La Barraca (maison traditionnelle de Valence) est à privilégier pour un repas romantique de qualité.

© LA BARRACA

La Barraca.

LA CASA DEL ABUELO

Calle de Núñez de Arce, 5
✆ +34 910 000 133
www.lacasadelabuelo.es
hola@lacasadelabuelo.es
M° Sol.
Ouvert du lundi au jeudi de 12h à 16h et de 20h à minuit et du vendredi au dimanche à 12h à minuit. Compter 20-25 €.
Dans la maison du « grand-père » (« abuelo »), on s'assoit à table pour goûter aux grands classiques madrilènes ou on va dans le petit bar à tapas de la calle Victoria pour déguster gambas et langoustines (à l'ail, à la plancha, frites...) accoudé au bar.

CASA LABRA

Calle Tetuán, 12
✆ +34 915 321 405
www.casalabra.com
casalabra@casalabra.es
M° Sol.
Tous les jours 11h-15h30 et 18h-23h (20h15 à 22h au restaurant). De 10 € à 20 € pour des tapas et 35 € au restaurant.
Cette *tasca*, fondée en 1860, est depuis toujours réputée pour ses vins et sa cuisine traditionnelle. Au comptoir, goûtez l'excellent *bacalao de la casa*

ou croissant au cabillaud... En 1879, c'est ici qu'est né clandestinement le Parti socialiste ouvrier espagnol (PSOE). Une adresse incontournable sur la route des tapas de Madrid.

LA PAELLA DE LA REINA
Calle de la Reina, 39
✆ +34 915 311 885
www.lapaelladelareina.com
restaurante@lapaelladelareina.com
M° Banco de España, Sevilla ou Gran Vía.
Tous les jours de 13h à 16h30 et de 19h30 à 23h30. Pour la paella, compter de 18 € et 24,90 € par personne.
Madrid n'est pas réputé pour ses paellas, mais si vous souhaitez en manger une bonne et que vous êtes deux, n'hésitez pas et optez pour ce restaurant. Aux fruits de mer, aux légumes ou à la viande, elles respectent toutes les traditions de Valence.

LUXE

LHARDY
Carrera de San Jerónimo, 8
✆ +34 915 213 385
www.lhardy.com
lhardy@lhardy.com
M° Sol.
Du lundi au samedi de 13h à 15h30 et de 20h30 à 23h, dimanche de 13h à 15h30. Compter entre 30 € et 38 € le plat.
Emile Huguenin, propriétaire d'un restaurant à Bordeaux où se réunissaient les opposants espagnols, suit sa clientèle et ouvre Lhardy en 1839. L'ambiance romantique et raffinée demeure dans les salons merveilleux du 1er étage du restaurant et l'adresse est toujours très courue par la bourgeoisie madrilène. On y déguste les tripes et le pot-au-feu (*cocido*). Au rez-de-chaussée, le consommé (*caldo*) et les pâtisseries régalent à toute heure du jour.

POUR DÉCOUVRIR LA CUISINE MADRILÈNE

La Bola est un restaurant ouvert depuis 1870 (avant c'était une boutique de liqueurs) et dont le succès ne s'est pas démenti depuis. L'adresse est l'une des meilleures en ce qui concerne la cuisine castillane, notamment pour le *cocido*.

LA BOLA
Calle de la Bola, 5
✆ +34 915 476 930
www.labola.es
labola@labola.es
M° Ópera ou Santo Domingo.
Ouvert du lundi au samedi de 13h à 16h et de 20h30 à 23h et le dimanche de 13h à 16h. Compter de 15 € à 26 € le plat.
Un lieu chargé d'histoire où il faut déguster le *cocido madrileño*, le pot-au-feu, ou d'autres spécialités typiques comme les tripes ou l'agneau braisé... Pensez à réserver !

LA TERRAZA DEL CASINO

Calle de Alcalá, 15
✆ +34 915 321 275
www.casinodemadrid.es
reservas@pacoronceroresta urante.com
M° Sol ou Sevilla.
Du mardi au samedi de 13h30 à 15h30 et de 21h à 23h. De 120 € à 190 €. Veste et cravate obligatoires.

Le chef Paco Roncero, disciple de Ferrán Adriá, concocte une cuisine gastronomique originale et créative, avec 2-étoiles Michelin. Le lieu, dans le casino de Madrid, est magnifique, historique avec des tons pastels qui lui donnent une touche contemporaine des plus élégantes. Veste et cravate obligatoires. En été, n'oubliez pas de monter sur la terrasse pour admirer Madrid depuis ses toits.

SHOPPING

Dans ces quartiers, vous trouverez deux grands types de magasins : les grandes chaînes qui écrasent les petits commerces, dont le charme a parfois du mal à se mettre en valeur. Pour retrouver les marques internationales, direction Gran Vía.

ANTIGUA CASA TALAVERA

Calle Isabel la Católica, 2
✆ +34 915 473 417
www.antiguacasatalavera.com
info@antiguacasatalavera.com
M° Santo Domingo.
Ouvert du lundi au vendredi de 10h à 14h et de 17h à 20h.

Une véritable caverne d'Ali Baba, cachée derrière Santo Domingo, et une échoppe d'un autre siècle où l'on trouve faïence et poteries espagnoles plus ou moins anciennes, selon son budget. Authentique !

CAPAS SESEÑA

Calle de la Cruz, 23
✆ +34 915 316 840
www.sesena.com – info@sesena.com
M° Sol.
Ouvert du dimanche au vendredi de 10h30 à 14h et de 17h à 20h et le samedi de 10h30 à 14h. Capes à partir de 500 €.

Le magasin de capes, unique en son genre, vaut largement le coup d'œil pour ses créations classiques et modernes. Les tissus sont magnifiques et les finitions exemplaires. Ici, tout est fait à la main, ce qui explique le prix. Une très belle adresse.

CASA DE DIEGO

Puerta del Sol, 12
✆ +34 915 226 643
www.casadediego.net
M° Sol.
Ouvert du lundi au samedi de 9h30 à 20h.

José Colomina, un industriel d'Alicante, veut démocratiser l'éventail (*abanico*, en espagnol) et fonde, en 1858, à Madrid, la « Casa de Diego », une référence en la matière.

Autre adresse : Calle Mesoneros Romanos, 4 ✆ +34 915 310 223. Ouvert du lundi au samedi de 9h30 à 13h30 et de 16h45 à 20h.

MADRID AL CUBO

Calle de la Cruz, 35
✆ +34 627 452 053
javier@madridalcubo.com
M° Sol.
Du lundi au jeudi 10h30-14h et 17h-21h, vendredi 10h30-14h et 17h-21h30, et samedi 11h30-15h et 17h30-22h.

Objets d'artistes madrilènes et bandes dessinées se mêlent dans ce magasin atypique où vous êtes sûr de trouver un souvenir plutôt cool de Madrid :

tableaux, jouets originaux (comme un Playmobil toreros !), affiches…

MATY

Calle Maestro Victoria, 2

✆ +34 915 313 291 – http://maty.es

M° Sol ou Ópera.

Ouvert du lundi au vendredi de 10h à 13h45 et de 16h30 à 20h, le samedi de 10h à 14h et de 16h30 à 20h.

Véritable paradis des danseurs et danseuses de flamenco ! De la robe à frous-frous, à la pince à chignon en passant par les boucles d'oreilles, on trouve tout pour exaucer ses rêves de princesse. Messieurs, essayez les pantalons moulants et vestons pour séduire votre belle.

REAL MADRID OFFICIAL STORE

Gran Vía, 31 ✆ +34 917 55 45 38

www.realmadrid.com

Ouvert du lundi au samedi de 10h à 21h et le dimanche de 11h à 20h.

LE magasin officiel du Real Madrid. Du maillot de Karim Benzema aux *goodies* les plus insolites...

Autres adresses : Calle del Arenal, 6 • Stade Santiago Bernabeu

SORTIR

Cette zone, dès que l'on s'écarte des adresses attrape-touristes, propose des lieux sympathiques pour boire un verre ou un cocktail, dans des établissements chic et historiques. C'est également un quartier où foisonnent les cinémas.

CAFÉS - BARS

ALHAMBRA

Calle Victoria, 9 ✆ +34 915 210 708

info@tabernaalhambra.es

M° Sol.

Du dimanche au mercredi de 11h à 1h30 du matin, jeudi au samedi de 11h à 2h du matin.

Azulejos, photos en noir et blanc de danseuses de flamenco, jambons suspendus font la décoration de cette maison fondée en 1929. Au bar, on grignote quelques tapas en buvant un verre de vin. Le week-end, après 23h, on enlève les tables, on baisse les lumières et on augmente les décibels, et c'est parti pour toute la nuit.

Bar-restaurant à tapas L'Alhambra.

AZOTEA DEL CÍRCULO

Calle del Marqués de Casa Riera, 2
✆ +34 915 301 761
www.azoteadelcirculo.com
info@azoteadelcirculo.com
M° Sevilla ou Banco de España.
Du dimanche au jeudi de 10h à 1h du matin, vendredi et samedi jusqu'à 1h30.
L'Azotea del Círculo, le rooftop du Círculo de Bellas Artes, un centre culturel qui présente notamment des expositions de qualité, offre des vues magnifiques sur la capitale espagnole, particulièrement sur l'édifice Metropolis.

BAR COCK

Calle Reina, 16 ✆ +34 915 322 826
www.barcock.com
joseastiarraga@barcock.com
M° Gran Vía.
Ouvert du mardi au samedi de 19h à 3h30 du matin. Cocktails de 9,50 € à 12 €.
Ce bar à cocktail vaut le coup d'œil pour sa déco surannée aux airs de club anglais. Presque rien n'a changé dans ce classique de la capitale depuis son ouverture en 1921.

DEL DIEGO COCKTAIL BAR

Calle de la Reina, 12
✆ +34 915 233 106
www.deldiego.com
deldiegococtelbar@gmail.com
M° Gran Vía.
Ouvert du lundi au jeudi de 19h à 3h, le vendredi et le samedi de 19h à 3h30. Compter environ 10 € le cocktail.
Voici LE bar à cocktails des environs de Gran Via, et l'un des plus connus de la capitale, où toutes les stars locales et internationales, notamment acteurs et mannequins sur talons aiguilles, se rendent. Et ce n'est pas pour rien : plus de 50 compositions sont proposés à la carte.

MUSEO CHICOTE

Gran Vía, 12 ✆ +34 915 326 737
www.museo-chicote.com
info@museochicote.com
M° Gran Vía.
Du lundi au jeudi de 19h à 3h, vendredi de 16h à 3h30, samedi de 13h à 3h30, dimanche de 13h à 3h.
C'est un bar à cocktail connu depuis les années 1930 où de grands personnages se sont rendus : Cary Grant,

Museo Chicote, bar spécialiste des cocktails.

Hemingway... Aujourd'hui, c'est toujours un incontournable de la nuit pour la jet set.

LA PECERA

Café del Círculo de Bellas Artes
Calle de Alcalá, 42
✆ +34 913 605 400
www.lapeceradelcirculo.com
info@circulobellasartes.com
M° Banco de España, Sevilla.
Ouvert du dimanche au jeudi de 9h à 1h du matin et le vendredi et le samedi de 9h à 3h du matin.
Le café du centre des beaux-arts sert quelques tapas. Il est superbe avec sa grande statue au centre, ses murs en marbre et son vaste espace. Un lieu idéal pour faire une pause, écrire des cartes postales ou lire le journal.

CLUBS ET DISCOTHÈQUES

JOY ESLAVA

Calle Arenal, 11 ✆ +34 913 663 733
www.joy-eslava.com
M° Ópera ou Sol.
Ouvert du dimanche au jeudi de 23h30 à 5h30, vendredi et samedi jusqu'à 6h. Entrée : en général autour de 15-16 €.
Une référence de la nuit madrilène dans un lieu unique : un ancien théâtre du XIXe siècle où la scène est devenue une piste de danse, comme les balcons. En semaine, il y a des concerts.

© PHILIPPE GUERSAN – AUTHOR'S IMAGE

Café Belle Époque du cercle des Beaux-Arts (Circulo de Bellas Artes).

MONDO DISKO

Calle Alcalá, 20 ✆ +34 915 316 378
www.mondodisko.es
info@mondodisko.es
M° Sevilla.
Tous les jours de minuit à 6h du matin. De 13 à 20 € avec une ou deux consommations.
Dans la sala Stella, typique de la Movida, Mondo ouvre deux soirs par semaine avec des sessions de très bonnes qualités et des soirées de musique électronique réputées. En plein quartier de Huertas, un haut lieu de la *noche* madrilène !

VOCABULAIRE DU BIEN BOIRE !

- ***Chupito.*** Petit verre de liqueur que l'on déguste dans tous les bars. Souvent à la fin de la *marcha*, ou après un bon repas.
- ***Ir de copas* ou *ir de cañas.*** Aller prendre un verre.
- **Quand vous criez *una caña Jefe !*** , c'est une bière qui arrive en retour.
- ***Chato* :** c'est un petit verre de vin.

SALA EL SOL

Calle de los Jardines, 3
✆ +34 915 326 490
www.salaelsol.com
M° Gran Vía, Sevilla
Du mardi au samedi de 0h30 (plus tôt les soirs de concerts) à 5h30. Entrée avec une consommation entre 8 € et 25 €.
Un classique de la nuit : on y boit, danse, et tout le monde s'y rencontre. El Sol, ouvert en 1979 et berceau de La Movida, attire tout type de clientèles : petits coincés bourgeois, baba cool et étudiants Erasmus. Ce club organise des concerts et des spectacles en première partie de soirée.

EL SON

Calle Victoria, 6 ✆ +34 915 214 943
M° Sol.
Du dimanche au jeudi de 21h30 à 5h30 et le vendredi et le samedi de 21h30 à 6h. Après minuit, 8 ou 10 € avec une conso.
Les corps s'enlacent et se trémoussent sur de la musique cubaine et tout le monde danse. C'est le meilleur endroit pour apprendre la salsa ou se perfectionner. Chaud !

SPECTACLES

CENTRO CULTURAL FLAMENCO DE MADRID

6 calle Conde de Xiquena
✆ +34 689 48 92 58
www.flamencocultural.com
culturalflamenco@gmail.com
Ouvert tous les jours à 18h et 19h30. Compter autour de 25 €. Accessible aux personnes à mobilité réduite.
Des expositions et des conférences sont régulièrement programmées, mais c'est bien pour les superbes spectacles de flamenco qui sont présentés ici que tout le monde s'y presse. La salle est plutôt petite, alors pensez à réserver ou acheter vos places au préalable.

GULA GULA

Gran Vía, 1
✆ +34 910 133 747
www.gulagula.net
reservas@gulagula.net
M° Banco de España.
Ouvert du dimanche au jeudi de 13h à 17h et de 21h à 2h, les vendredis et samedis jusqu'à 3h. Compter 40 € le dîner spectacle.
Le Gula Gula propose un dîner spectacle (5 plats) avec un show de *drag-queens*. Et on vient pour l'ambiance homo et hétéro qui donne un air déjanté à l'ensemble.

TEATRO DE LA COMEDIA

Calle del Príncipe, 14
✆ +34 915 327 927
M° Sol.
Compter en moyenne de 6 € à 30 €.
Ce superbe théâtre a été construit en 1874, avant d'être entièrement rénové il y a quelques années. Une superbe salle qui propose toujours des spectacles de qualité.

PLAZA ESPAÑA ET MONCLOA

Le Temple de Debod.

IMMANQUABLE DANS CE QUARTIER

- Photographier la statue de Don Quichotte et Sancho Panza sur la Plaza España.
- Profiter du coucher du soleil au temple de Debod.
- Flâner au centre culturel Conde Duque dédié à l'art contemporain.
- Admirer Madrid depuis le téléphérique de Casa de Campo.

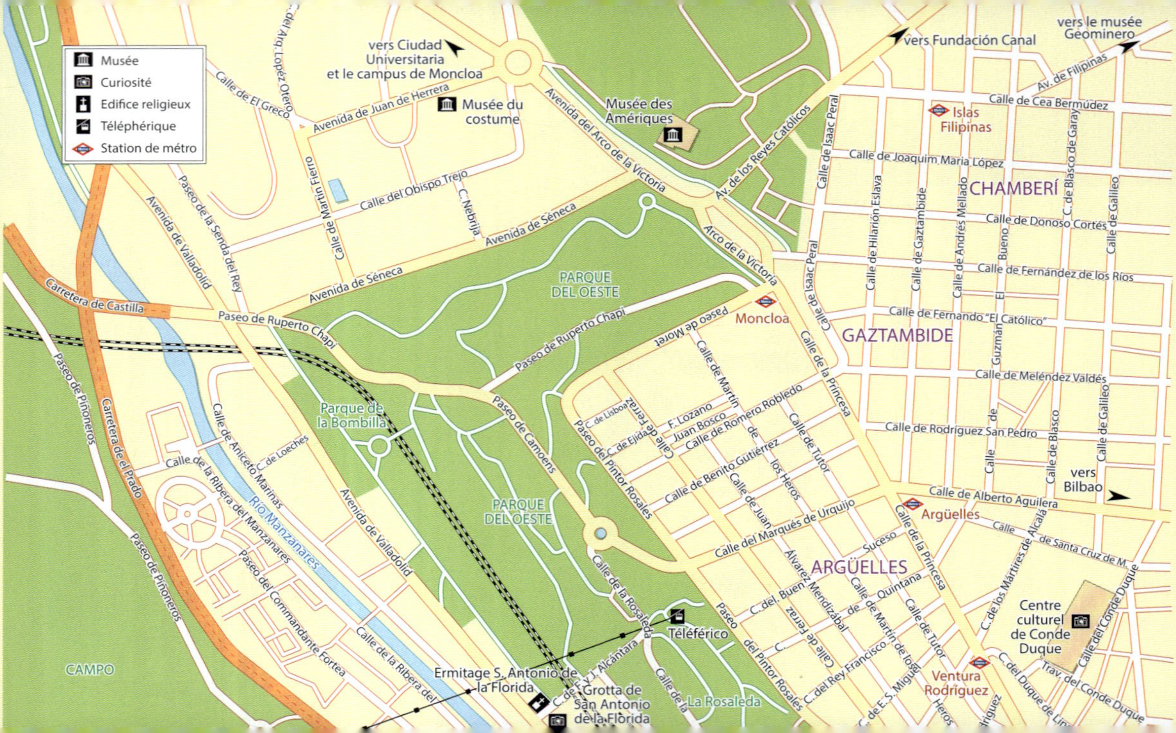
Musée
Curiosité
Edifice religieux
Téléphérique
Station de métro
vers Ciudad Universitaria et le campus de Moncloa
vers Fundación Canal
vers le musée Geominero
Musée du costume
Musée des Amériques
Islas Filipinas
CHAMBERÍ
GAZTAMBIDE
ARGÜELLES
Moncloa
Argüelles
Ventura Rodríguez
vers Bilbao
Centre culturel de Conde Duque
PARQUE DEL OESTE
Parque de la Bombilla
Téléférico
Ermitage S. Antonio de la Florida
Grotta de San Antonio de la Florida
La Rosaleda
Río Manzanares
CAMPO
Av. de Filipinas
Calle de Cea Bermúdez
Calle de Joaquim María López
Calle de Donoso Cortés
Calle de Fernández de los Ríos
Calle de Fernando "El Católico"
Calle de Meléndez Valdés
Calle de Rodríguez San Pedro
Calle de Alberto Aguilera
Calle de Santa Cruz de M.
C. de los Mártires de Alcalá
Calle del Conde Duque
Trav. del Conde Duque
C. del Duque de Liria
Calle de Isaac Peral
Calle de Hilarión Eslava
Calle de Gaztambide
Calle de Andrés Mellado
Calle de Guzmán El Bueno
C. de Blasco de Garay
Calle de Blasco
Calle de Galileo
Calle de la Princesa
Calle de Tutor
Calle de Martín de los Heros
Calle de Romero Robledo
Juan Bosco
F. Lozano
C. de Lisboa
C. de Ejida
Calle de Ferraz
Calle de Benito Gutiérrez
Calle de Juan Álvarez Mendizábal
Calle del Marqués de Urquijo
Suceso
Quintana
C. del Buen
Calle del Rey Francisco
C. de E. S. Miguel
Paseo del Pintor Rosales
Paseo de Moret
Paseo de Ruperto Chapí
Paseo de Camoens
Calle de la Rosaleda
C. de F. y J. Alcántara
Arco de la Victoria
Av. de los Reyes Católicos
Avenida del Arco de la Victoria
Avenida de Juan de Herrera
Calle de El Greco
C. del Arq. López Otero
Calle de Martín Fierro
Calle del Obispo Trejo
C. Nebrija
Avenida de Séneca
Paseo de la Senda del Rey
Avenida de Valladolid
Carretera de Castilla
Carretera de el Prado
Paseo de Piñoneros
Calle de Aniceto Marinas
C. de Loeches
Calle de la Ribera del Manzanares
Paseo del Commandante Fortea

PLAZA ESPAÑA ET MONCLOA
Musée Cerralbo
Le temple de Debod
Parque de la Montaña
Edificio España
Pl. de España
Plaza de España
Gran Vía
vers Sol
Calle de Ferraz
C. del Río
Calle de Legatinos
Calle del Fomento
Calle de Torija
C. de la Bola
La Encarnacón
Plaza de Oriente
Opera
Teatro Real
Pl. de Ramales
C. de Santiago
S. Nicolás
Calle Mayor
Pl. de la Villa
Costa de S. Pedro
C. Don Pedro
C. de Redondilla
Calle de Bailén
C. de La Morería
C. de B. Gallindo
C. de San Buenaventura
Cathédrale de la Almuneda
0
250 m
Gare de Principe Pío
Príncipe Pío
Calle de Irún
C. de Cardoso
C. de Arriaza
C. de S. Vicente
Cuesta de San Vicente
Jardins de Sabatini
Palacio Real
JARDINS DEL CAMPO DEL MORO
Museo de Carruajes Reales
Catedral de N. Señora de la Almudena
Paseo de la Virgen del Puerto
Paseo de la Ciudad de la Plasencia
PALACIO
Calle de Segovia
Ronda de Segovia
Paseo Imperial
Paseo de Los Melancólicos
Calle de Juan Duque
Calle de Linneo
C. de M. Nieto
C. del Manzanares
Rosaleda
Paseo del Rey
Calle de Mozart
Paseo de la Florida
Calle de Aniceto Marinas
Manzanares
Río Manzanares
Purete de Segovia
Calle de la Ermita del Santo
Calle de Saavedra Fajardo
Puerta de Angel
C. de San Crispín
PUERTA DEL ANGEL
Calle de Doña Berenguela
Calle del Cardenal Mendoza
C. de Santa Úrsula
Calle de Caramuel
C. G. de Galiana
Calle de Antonio Zamora
Calle de la Grandeza Española
Paseo de Extremadura
Avenida de Portugal
Calle Principal de Provincias
Alto de Extremadura
vers le parc d'attractions
CAMPO
Calle del Ferial
Calle de las Aves
Casa de Campo
vers le zoo et l'aquarium de Madrid
Ronda del lago
Gare Lago
Lago
Paseo de los Castaños
Paseo del Embarcadero
Paseo de la Puerta del Angel
Lago de Casa de Campo
Paseo Azul
Paseo de los Plátanos
Camino del Ruiseñor
Camino de los Romeros
Paseo de Piñoneros
Camino del Casón

PLAZA ESPAÑA ET MONCLOA

Cette zone regroupe les quartiers de Moncloa et d'Argüelles, ainsi que plaza de España. Au XIXe siècle, le gouvernement procède à un premier élargissement de Madrid à partir de la vieille ville (*casco historico*). Autour de ce noyau central sont aménagés de nouveaux quartiers résidentiels destinés à la classe aisée. Argüelles et Moncloa font partie de ces nouveaux quartiers conçus selon une architecture urbaine en damier. Conde Duque est un petit quartier qui sert de frontière entre Malasaña et la plaza de España ; il est des plus agréables pour flâner dans les ruelles du centre de Madrid, et ses bars dansants sont toujours pleins à partir de minuit.

- **La plaza España** est une place emblématique de Madrid. Elle est située au nord du Palais royal et à l'ouest du centre de Madrid. Deux des grandes avenues de la ville se rejoignent sur cette place : la Gran Vía et la calle de Princesa. Celle-ci mène en direction de Moncloa où se trouve l'université Complutense. L'édifice España de 117 m, à l'architecture néobaroque, et la tour de Madrid de 142 m en béton, à l'architecture typique des années 1950, font face à la Casa Gallard et à la Compañía Asturiana de Minas du XIXe siècle. Les deux tours du XXe siècle sont les premiers gratte-ciel construits à Madrid et sont restés pendant quelques années les plus hauts du pays, voire d'Europe. Autant dire que l'ensemble est assez disparate, mais ne manque pourtant pas de charme. Au cœur de la place, trône la statue de Don Quichotte et de Sancho Panza qu'aiment tant photographier les touristes.

Autour de la plaza de España, on trouve de très nombreux et importants théâtres, ainsi que des cinémas d'art et d'essai à deux pas. Les restaurants abondent. Mais surtout, il ne faut pas louper le Parque del Oeste, l'autre grand poumon vert de Madrid avec le Retiro à l'est, qui est très fréquenté par les familles le week-end. Dans celui-ci, se cache le jardin de La Rosaleda que tout bon amateur de rose se doit d'aller humer. A deux pas de la plaza de España, se trouve le temple de Debod qu'il convient de visiter au coucher du soleil. De là, la vue est imprenable sur le Palais royal et la cathédrale de la Almudena dans une ambiance d'un autre temps.

- **Moncloa.** En se dirigeant vers le nord, les quartiers d'Argüelles et de Moncloa, sont des quartiers étudiants, compte tenu de la forte densité d'universités dans la zone. Et qui dit quartier étudiant, dit sorties ! On trouve donc de nombreux bars, des salles de concerts, des restaurants pas très chers, des boîtes de nuit et plein de magasins. Le nom du quartier fait référence à Agustín Argüelles Álvarez, un politicien du XIXe siècle. Argüelles est un quartier commercial et étudiant. Il est incontournable pour ses terrasses et ses nuits d'été. On trouve ici également quelques musées qui valent vraiment la peine, bien qu'en dehors des circuits touristiques. L'université Complutense de Madrid donne son identité au quartier de Moncloa. Lieu de vie des étudiants, cet endroit est gai et animé surtout en période scolaire, un peu moins en été. Moncloa, c'est également l'*intercambiador* de Moncloa (plaza de Moncloa). C'est le premier à être construit en sous-sol en 1995. Il permet de faciliter les changements de modes de transport et, de là, partent des bus pour toute la zone du nord-ouest de la capitale. Mais c'est aussi là où se situe le Palacio de la Moncloa, résidence officielle du Premier ministre.

Accès. Plaza de España se rejoint facilement à pied depuis le centre de la ville. Ensuite, le métro est une bonne option. Les arrêts de métro de la zone : Plaza de España, Ventura Rodríguez, Argüelles, Moncloa.

VISITER

Il faut flâner à Conde Duque, admirer les édifices, déambuler dans les parcs et jardins, admirer le coucher du soleil au temple de Debod, visiter quelques musées…

CENTRE CULTUREL DE CONDE DUQUE ★★

Calle Conde Duque, 9-11
✆ +34 915 885 928
www.condeduquemadrid.es
actividadescd@madrid-destino.com
M° Noviciado.
Ouvert du mardi au samedi de 10h à 14h et de 17h30 à 21h, dimanche et fêtes de 10h30 à 14h. Entrée libre.
Le « quartier général » du Conde Duque fut pensé par Philippe V pour loger les gardes royaux de façon

© AUTHOR'S IMAGE

Plaza España, monument dédié à Cervantes (statue de Don Quichotte et Sancho Panza).

permanente. Son nom est en rapport avec sa construction sur le terrain du palais du comte de Aranda et duc de Penaranda. L'édifice immense pouvait contenir 600 gardes et 400 chevaux. On remarque la façade principale, de style churrigueresque. L'ancien quartier général accueille aujourd'hui le musée d'Art contemporain. Des expositions, des concerts en été et des performances artistiques s'organisent également dans le centre culturel.

EDIFICIO ESPAÑA ★

Plaza de España, 19
M° Plaza de España.
L'édifice terminant la Gran Vía est typique des années 1950, quand il était le plus haut d'Espagne avec ses 117 m. Il fait face à la Torre de Madrid, de la même époque, quant elle était la plus haute tour en béton du monde avec ses 142 m. A ne pas louper, sur la place, la statue de Don Quichotte et Sancho Pança sur leur monture au pied de Cervantès.

ERMITAGE DE SAN ANTONIO DE LA FLORIDA

Glorieta de San Antonio
de la Florida, 5
✆ +34 915 420 722
M° Príncipe Pío.
Ouvert du mardi au dimanche de 9h30 à 20h (horaires réduits en été, se renseigner). Entrée libre.
Sur les rives du Manzanares se trouve l'ermitage de San Antonio de la Florida qui est connu pour abriter l'un des chefs d'œuvre de Goya. Construite en 1792, l'église est dédiée au saint de Lisbonne. Elle est classée monument national.

JARDINS DEL CAMPO DEL MORO ★

Paseo Virgen del Puerto
✆ +34 914 548 800
M° Principe Pío. L'unique entrée se trouve assez loin.
Avril-septembre : du lundi au samedi, 10h-20h. 9h dimanche et jours fériés. D'octobre à mars, les jardins ferment à 18h.
C'est un jardin à l'anglaise, romantique, demandé par la reine María Cristina. Les deux fontaines, de los Tritones et del palacio de los Conchas, sont magnifiques. La perspective depuis le parc sur le palais royal est superbe.

MUSÉE CERRALBO

Calle Ventura Rodriguez, 17
✆ +34 915 473 646
http://museocerralbo.mcu.es
museo.cerralbo@mecd.es
M° Ventura Rodríguez,
Plaza de España ou Príncipe Pío.
Ouvert du mardi au samedi de 9h30 à 15h, le jeudi de 17h à 20h et le dimanche de 10h à 15h. Tarif : 3 €.
Plus qu'un simple musée, cet édifice est en fait un palais datant de la fin du XIXe siècle, que le Marquis de Cerralbo a transformé pour y inscrire ses superbes collections de peintures, d'objets, d'œuvres d'art diverses. Dans une ambiance unique et au fil de 32 salles atypiques et somptueuses, le visiteur découvrira des pièces remarquables. Sculptures, peintures, arts décoratifs, collections de monnaies et d'armures en font un lieu à ne pas manquer.

Musée Cerralbo.

MUSÉE DES AMÉRIQUES ★

Avenida de los Reyes Católicos, 6
✆ +34 915 492 641
http://museodeamerica.mcu.es
museo@mamerica.mcu.es
M° Moncloa.
Ouvert du mardi au samedi de 9h30 à 15h (le jeudi jusqu'à 19h) et le dimanche de 10h à 15h. Entrée : 3 €.
L'histoire des Amériques se retrouve dans des pièces archéologiques et ethnologiques précolombiennes ramenées de la période coloniale jusqu'à nos jours. Exceptionnel !

MUSÉE DU COSTUME

Avenida Juan de Herrera, 2
✆ +34 915 504 700
http://museodeltraje.mcu.es
museodeltraje@mcu.es
M° Moncloa ou Ciudad Universitaria.
Ouvert du mardi au samedi de 9h30 à 19h et le dimanche de 10h à 15h. En été, ouvert jeudi jusqu'à 22h30. Entrée : 3 €.
El museo del traje est un incontournable dès lors que la mode passionne. La visite retrace l'histoire du vêtement avec des pièces archéologiques jusqu'à la haute couture actuelle.

PALACIO DE LIRIA ★

Calle de la Princesa, 20
✆ +34 915 908 454
www.palaciodeliria.com
info@palaciodeliria.com
Ouvert tous les jours de 9h à 20h. Compter 15 € l'entrée.
Niché dans un vaste jardin, ce splendide palais du XVIIIe siècle est la résidence de Carlos Fitz-James Stuart, le 19e duc d'Albe. La visite guidée d'une douzaine de pièces, d'une heure environ, permet d'admirer quelques merveilles, comme le *La duchesse d'Albe en blanc* de Goya ou le *Portrait du Grand Duc d'Albe* du Titien.

© STÉPHAN SZEREMETA

Téléphérique de Casa de Campo.

PARQUE DEL OESTE ★

Paseo del Pintor Rosales et Avenida de Séneca – M° Argüelles.
Ce parc, poumon vert de Madrid avec la Casa de Campo, se trouve tout le long du Paseo del Pintor Rosales et de Moncloa et accueille le Temple de Debod. On peut rejoindre la Casa de Campo grâce au célèbre téléphérique de Madrid (4,50 € l'aller et 6 € l'aller-retour).

TELEFÉRICO ★★

Paseo del Pintor Rosales
✆ +34 914 068 810
www.telefericomadrid.es
M° Argüelles.
Début juin à mi-septembre et en décembre, ouvert tous les jours. Sinon, le week-end. 4,50 € (6 € l'aller-retour).
Le téléphérique de Madrid date de 1969. Il relie le cœur de la ville à Casa del Campo, soit 2,5 km, en 11 minutes à 40 m de haut. Depuis les cabines, la vue sur Madrid est magnifique grâce au survol des parcs, des rues, des grattes-ciel et des monuments.

Temple de Debod, portes égyptiennes.

TEMPLE DE DEBOD ★★

Dans les jardins de Ferraz
Paseo del Pintor Rosales
✆ +34 913 667 415
www.munimadrid.es/templodedebod
M° Plaza de España.
Ouvert du mardi au dimanche de 10h à 20h (19h en été). Entrée gratuite.
Le cadeau de l'Egypte pour l'aide à la construction du barrage d'Assouan vient de Nubie et en voyageant jusqu'ici a été sauvé des eaux. C'est un lieu agréable, hors du temps, un peu imaginaire, comme planté là... La vue depuis le temple donne sur le Parque del Oeste et le Palais royal.

SE RESTAURER

Dans ces quartiers commerçants et étudiants reliés par la rue Princesa, en dehors des circuits touristiques, quelques adresses valent le détour. Certains des meilleurs restaurants de la ville se concentrent à Casa de Campo, d'où son surnom d'« avenue de la gastronomie » (Paseo de la gastronomía).

CASA MINGO

Paseo de la Florida, 34
✆ +34 915 477 918
www.casamingo.es
sidrasmingo@yahoo.es
M° Príncipe Pío.
Ouvert tous les jours de 11h à minuit. Compter entre 15 € et 25 € par personne.
Une cidrerie asturienne ouverte en 1888, où l'on peut boire du cidre accompagné de *racion* au poulet grillé. L'ambiance est très familiale et les prix plutôt bon marché. Au menu, d'autres spécialités des Asturies, comme le chorizo au cidre, des salades, des tortillas, *empanadas*... En dehors des sentiers battus.

ENKLIMA

Calle de Ferraz, 36
✆ +34 911 166 991
enklima.com
enklima.info@gmail.com

M° Ventura Rodríguez.
Ouvert du mercredi au vendredi de 20h30 à 22h30 et le samedi de 13h30 à 15h30 et de 20h30 à 22h30. 72 € ou 96 € le menu.
Ce petit restaurant à la décoration subtilement minimaliste, franchement digne d'une table étoilée, offre une superbe cuisine fusion, espagnole avec de nombreuses touches asiatiques, qui ravira les papilles des gastronomes les plus exigeants.

TABERNA ÚBEDA
Calle de Luisa Fernanda, 16
✆ +34 622 712 699
www.tabernaubeda.com
M° Ventura Rodríguez.
Du mardi au samedi de 13h30 à 16h30 et de 20h30 à 23h. Compter 25-30 €.
Antonio, le sympathique chef-propriétaire, a mis à la carte de belles propositions qui sortent un petit peu des sentiers battus madrilènes, comme le thon rouge ou les excellents artichauts grillés (à ne surtout pas louper !).

ENTREVINOS
Calle Ferraz, 36
✆ +34 915 483 114
www.entrevinos.net
entrevinos@entrevinos.net
M° Ventura Rodríguez.
Ouvert tous les jours de 12h30 à 16h et de 20h30 à minuit. Compter entre 9,50 € et 15,90 € le plat.
L'ancienne boucherie a été transformée en taverne branchée. Plus de 300 vins à la carte et des bonnes *raciones* comme le carpaccio de thon et de saumon accompagné d'anchois marinés sont la promesse d'un moment savoureux et agréable.

SHOPPING

Le quartier est propice au shopping, puisque dès la sortie du métro Argüelles la concentration de magasins est tout à fait alléchante.

ANTIGUA CASA CRESPO
Calle Divino Pastor, 29
✆ +34 915 215 654
www.antiguacasacrespo.com
M° Bilbao ou San Bernardo.
Ouvert du lundi au vendredi de 10h à 13h30 et 17h à 20h15 et le samedi de 10h à 13h30.
Pour trouver espadrille à son pied (*alpargatas*) : une bonne adresse à la Antigua Casa Crespo. Vous verrez qu'il existe beaucoup plus de modèles différents d'espadrilles que l'on ne croit.

Y QUE VIVA JOPLIN
Calle Martín de los Heros, 18
✆ +34 917 864 579
info@yquevivajoplin.com
M° Plaza de España ou Ventura Rodriguez. Près de la Plaza de España.
Ouvert du lundi au vendredi de 10h à 13h45 et de 17h à 20h et le samedi de 10h à 14h et de 17h30 à 20h30.
Une bonne adresse pour les mélomanes où l'on trouve tout, ou presque, en matière de musique. Flamenco, bien sûr, mais aussi tous les grands classiques du rock peuplent les étalages de la boutique.

SORTIR

Moncloa et Argüelles regorgent de bars et de discothèques, surtout fréquentés par les étudiants. Pour sortir, il faut aller plaza de la Moncloa et rue Alberto Aguilera.

CAFÉS - BARS

EL JARDÍN SECRETO
Calle del Conde Duque, 2
✆ +34 915 418 023
www.eljardinsecretomadrid.es
M° Plaza de España.
Ouvert du lundi au jeudi de 18h à 1h, le vendredi et le samedi de 18h30 à 2h30 et le dimanche de 17h30 à 0h30.
Le « jardin secret » est une parfaite petite adresse pour prendre un café, dans une ambiance confinée, intime, avec ses bougies, ses guirlandes et ses airs de vieux grenier plein de trésors. Un monde à part !

THE FIX
Calle Luisa Fernanda, 15
✆ +34 911 266 683
M° Plaza de España.
Ouvert du lundi au vendredi de 8h à 19h et le samedi et le dimanche de 9h à 19h.
Un très grand choix de cafés dans ce petit *coffe shop* très sympathique, qui propose aussi quelques viennoiseries et pâtisseries (dont certaines sans gluten). On s'y sent comme chez soi. Idéal pour une petite pause entre deux visites.

CLUBS ET DISCOTHÈQUES

EL TEMPO
Calle Duque de Osuna, 8
✆ +34 915 477 518
http://tempoclub.es
info@tempoclub.es
M° Plaza de España.
Ouvert du lundi au jeudi de 18h à 3h, le vendredi et le samedi de 16h à 3h30 et le dimanche de 16h à 3h.
Deux étages et deux ambiances différentes. Au rez-de-chaussée, l'ambiance est plutôt lounge et chic. Mais au sous-sol, tout change. Les *jam sessions* sont excellentes.

SPECTACLES

CENTRO CONDE DUQUE
Calle Conde Duque, 9-11
✆ +34 915 885 834
www.condeduquemadrid.es
actividadescd@madrid-destino.com
M° Ventura Rodríguez, San Bernardo, Plaza de España.
Programmation sur le site Internet. Entrée gratuite.
Très bons concerts et une programmation de musique variée (guitare, *zarzuela*, musique de chambre) dans le bâtiment d'un ancien quartier général, aujourd'hui devenu centre culturel. L'été, les concerts sont en plein air.

GALILEI GALILEO
Calle Galileo, 100
✆ +34 915 347 557
www.salagalileogalilei.com
M° Canal ou Islas Filipinas.
Ouvert tous les jours à partir de 20h30 (programmation et horaires sur le site Internet). Concerts de 6 à 22 €.
Installé dans un ancien cinéma, c'est une salle de concert classique avec serveurs en uniforme. On vient écouter de la musique autour d'un verre, même si les consommations sont assez chères. En achetant votre billet à l'avance, vous avez la possibilité de réserver une des tables près de la scène.

Cuatros Torres.

© ANTONIO

PLAZA COLÓN ET SALAMANCA

IMMANQUABLE DANS CE QUARTIER

- Assister à un match du Real Madrid au stade Santiago Bernabéu.
- Se mettre sur son 31 et sortir dans l'un des clubs select de Salamanca.
- Déjeuner au Platea, le magnifique cinéma Carlos III transformé en food court.

vers Gare de Chamarín, le musée Tifológico, Cuatro Torres, Tour Kio, la plaza de Castilla et l'édifice de l'Ine
Plaza de Lima
Tour Europa
Stade Barnabéu Real Madrid
Santiago Bernabéu
Pl. de los Sagrados Corazones
Avenida de Concha Espina
vers Gare de Chamarín et vers Edifice Mirador
Concha Espina
Av. de Ramón y Cajal
Plaza de la Virgen Guadalupe
vers Calle de Colombia
Parque de Berlín
Tour Picasso
Pl. de Pablo Ruiz Picasso
Avenida Centrum
Nuevos Ministérios
Calle de Raimundo Fernández Villaverde
Calle de Joaquín Costa
RIOS ROSAS
Pl. de la República Argentina
Rep. Argentina
Av. del Dr. Arce
Avenida del Doctor Arce
Jardines de Pablo Sorozábal
Musée de la ville
Prosperidad
Cruz del Rayo
Musée national des sciences naturelles
Residencia de Estudiantes
Glo. de López de Hoyos
Av. de América
CASTELLANA
vers Parque de les Avenidas et El Capricho et le parc Juan Carlos I
Cartagena
vers Museo de América
Alonso Cano
Gregorio Marañon
Calle de José Abascal
Calle de María de Molina
Paseo de la Castellana
Calle de Serrano
Calle de Velázquez
Calle del Príncipe de Vergara
Calle de Francisco Silvela
Calle de López de Hoyos
Calle de Cartagena
Calle de Rios Rosas
Calle de Carbonero y Sol
Calle de Pedro de Valdivia
C. de J.G. Abascal
Calle de Vitruvio
Calle de Pradillo
C. de San Ernesto
Calle de Marcenado
C. de Nieremberg
Calle de Sánchez Pacheco
Calle de García Luna
Calle de Vinaroz
Calle de Suero de Quiñones
Calle de Quintiliano
Calle de Canillas
Calle de Luis Cabrera
C. de Zabaleta
C. de Constancia
C. de J. Bautista de Toledo
Clara del Rey
Calle de Rodríguez Marín
Calle de Lóriga
Calle de Gabriel Lobo
Duque de Sevilla
C. de la Cierva
C. de Pablo Aranda
Calle Joaquín Costa
Calle de la Cinca
Calle del Sil
Calle del Segre
Calle del Darro
Calle de A. R. Santamaria
Calle de L. Muriel
C. del Guadiana
Calle del Guadalquivir
Calle de Balbina Valverde
Calle S. Bernabéu
Calle de Rod. Marín
Calle de Orense
Calle de Hernani
Calle de Ponzano
Calle de la Reina Mercedes
Calle de Maudes
C. de M. Guzmán
Calle de Cristóbal Bordiú
Calle de Espronceda
Calle de Bréton de las Herreros
Calle de Zurbano
Calle de Agustín de Betancourt
Calle de Jo. Pla
Calle de San Fer. del Jarama
Avenida de América

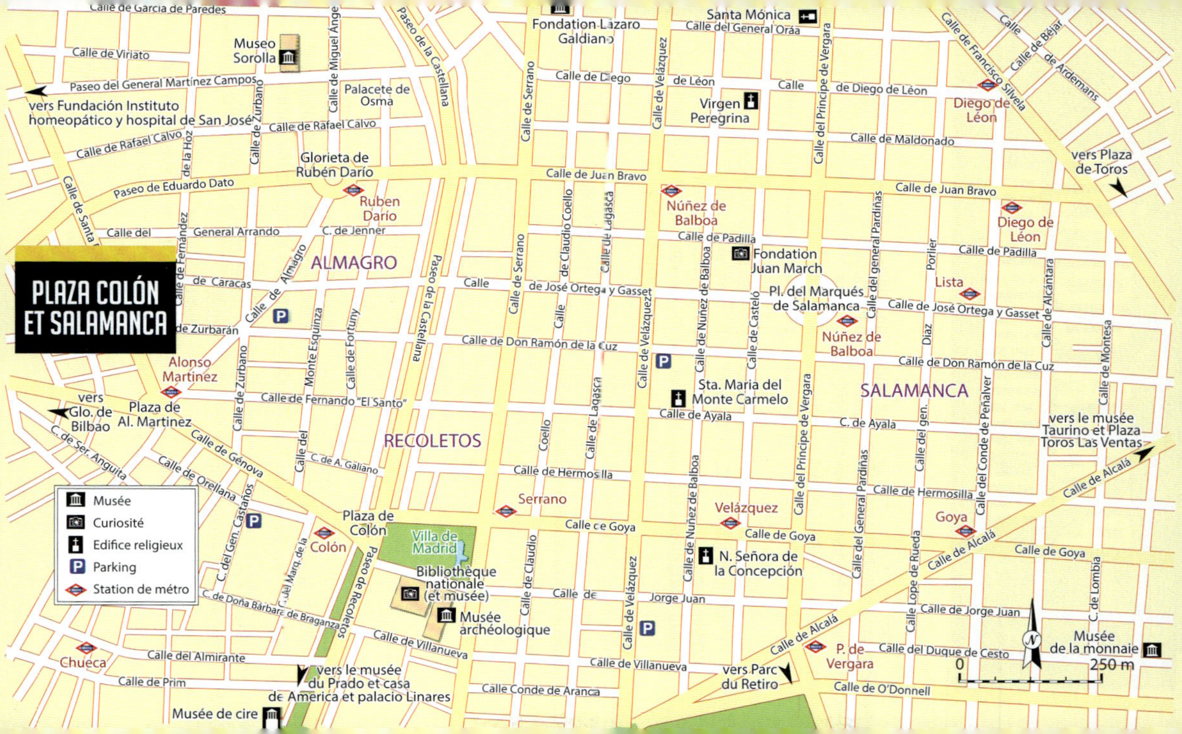
PLAZA COLÓN ET SALAMANCA
Musée
Curiosité
Edifice religieux
Parking
Station de métro
ALMAGRO
RECOLETOS
SALAMANCA
Museo Sorolla
Palacete de Osma
Fondation Lázaro Galdiano
Santa Mónica
Virgen Peregrina
Fondation Juan March
Pl. del Marqués de Salamanca
Sta. Maria del Monte Carmelo
N. Señora de la Concepción
Villa de Madrid
Bibliothèque nationale (et musée)
Musée archéologique
Musée de cire
Musée de la monnaie
Glorieta de Rubén Darío
Plaza de Colón
Plaza de Al. Martinez
Ruben Darío
Alonso Martinez
Colón
Serrano
Velázquez
Goya
Núñez de Balboa
Diego de Léon
Lista
P. de Vergara
Chueca
vers Fundación Instituto homeopático y hospital de San José
vers Glo. de Bilbao
vers le musée du Prado et casa de América et palacio Linares
vers Parc du Retiro
vers le musée Taurino et Plaza Toros Las Ventas
vers Plaza de Toros
Calle de García de Paredes
Calle de Viriato
Paseo del General Martínez Campos
Calle de Rafael Calvo
Paseo de Eduardo Dato
Calle de Santa
Calle del General Arrando
Calle de Fernández de la Hoz
de Caracas
de Zurbarán
Calle de Zurbano
Calle de Miguel Ange
Calle de Almagro
C. de Jenner
Monte Esquinza
Calle de Fortuny
Calle de Fernando "El Santo"
C. de A. Galiano
Calle de Génova
Calle de Orellana
C. de Ser. Anguita
C. del Gen. Castaños
Calle Marq. de la
C. de Doña Bárbara de Braganza
Calle del Almirante
Calle de Prim
Paseo de Recoletos
Calle de Villanueva
Calle Conde de Aranca
Paseo de la Castellana
Calle de Serrano
Calle de Juan Bravo
Calle de Claudio Coello
Calle de Lagasca
Calle de José Ortega y Gasset
Calle de Don Ramón de la Cruz
Calle de Hermosilla
Calle de Goya
Calle de Jorge Juan
Calle de Velázquez
Calle de Diego de Léon
Calle del General Oráa
Calle de Maldonado
Calle de Padilla
Calle de Núñez de Balboa
Calle de Castelló
Calle de Ayala
Calle del Príncipe de Vergara
Calle del general Pardiñas
Porlier
Díaz
Calle del gen.
Calle del Conde de Peñalver
Calle Lope de Rueda
Calle de Alcántara
Calle de Montesa
C. de Lombía
Calle de Alcalá
Calle del Duque de Cesto
Calle de O'Donnell
Calle de Francisco Silvela
Calle de Béjar
Calle de Ardemans
0
250 m

PLAZA COLÓN ET SALAMANCA

Dans cette zone, se regroupent tous les quartiers du nord-est du centre-ville de Madrid, couvrant la surface depuis la plaza Colón au Retiro, et de Nuevos Ministerios à Ventas. La zone est très résidentielle mais offre une belle sélection de restaurants et quelques jolies petites boutiques à découvrir.

L'axe Prado-Recoletos-Castellana est, depuis le XIXe siècle, le siège de l'élite, de la bourgeoisie et de l'aristocratie où se concentrent de luxueux palais et résidences. A la fin du siècle, le plan Castro prévoit l'allongement de la Castellana vers le nord, depuis la plaza de Colón jusqu'à Nuevos Ministerios.

Le paseo de Recoletos débute à la fontaine de Cibeles et prend le nom de Castellana à partir de la plaza Colón. A la jonction des paseos de la Castellana et de Recoletos, la colonne surmontée de Christophe Colomb domine le principal centre culturel de Madrid. En face de la statue de Colomb, remarquez le jardin de la Découverte sur la grande esplanade. De grands pans muraux représentent des événements marquants de la découverte de l'Amérique. Cette œuvre de Joaquim Vaquero Turcios fut inaugurée par Juan Carlos et la reine Sofía en 1977.

Le paseo de la Castellana, qui traverse la ville du nord au sud, est bordé de toutes sortes de bâtiments : du plus moderne, comme les tours de la zone AZCA, au palais ornant le début de l'avenue. Jusqu'au début du XXe siècle, le paseo de la Castellana n'était que peu étendu. Il était connu pour ses palais, anciennes résidences de grandes familles espagnoles, et sa promenade verte. Ces palais ont été reconvertis après la guerre civile en les principaux ministères du gouvernement franquiste. A la suite de ces changements, apparaissent de nouveaux bâtiments au milieu des anciens palais le long du paseo de la Castellana. De grands gratte-ciel émergent grâce aux architectes tels que Rafael Moneo et Antonio Lamela. La puerta de Europa symbolise l'architecture avant-gardiste avec ses deux tours penchées. La zone de Gregorio Marañon ou le quartier d'AZCA en sont de bons exemples.

Entre le paseo de la Castellana et les premiers numéros de la calle Orense : le complexe Azca, ensemble d'édifices modernes et high-tech construit au cours des années 1990, est une zone d'affaires et une zone commerciale prisée.

Plus de 200 ha où se côtoient pas moins de cent boutiques et une salle d'exposition au sous-sol. Le Corte Ingles situé à Nuevos Ministerios et à deux pas de cette zone est le plus luxueux d'Espagne.

La Castellana s'étire sur plus de 3 km. Le long de cette gigantesque avenue se trouve le stade de foot du Real Madrid. Quartier d'affaires avant tout, les ambassades et sièges des grandes banques ont choisi de s'y établir.
Indalecio Prieto projeta la construction d'une gare à l'extérieur de la ville pour le trafic du nord qui arrivait à la gare de Principe Pío au sud. Ce sont les prémices de la gare de Chamartín, plus au nord, qui date des années 1970. Zone peu intéressante en matière touristique, le marché de Chamartin est néanmoins un des plus reconnus de la capitale.
Les férus d'architecture se régaleront en se promenant : on admirera les devantures bourgeoises de la zone de la plaza Colon, les sculptures urbaines, comme la puerta de Alcala. Mais en revenant plus au nord, on s'étonnera devant des édifices osés comme l'immeuble en forme de P, plaza Emilio Castelar, appartenant à l'entreprise Catalana Occidente, ou encore l'édifice suspendu de la plaza Colon.
Les rues Ortega y Gasset, Velázquez, Goya et Serrano sont les principales artères de Salamanca, un quartier de haut standing, chic et bourgeois. Les rues sont larges et l'architecture urbaine en forme de damier. La rue Juan Bravo cache un palace au milieu de ses immeubles. On peut également y faire du shopping. Ce quartier se trouve au nord-est de Sol et du centre. Ventas est un quartier à l'est de la ville où il faut aller pour visiter la mythique « plaza de Toros » et ses alentours. A ne pas louper non plus, les restaurants de l'incontournable Platea, le magnifique cinéma Carlos III transformé en *food court*.

Accès. Les principales stations de métro sont : Plaza Colón, Serrano, Goya et Nuñez de Balboa.

VISITER

CASA DE AMERICA – PALACIO DE LINARES ★★

Plaza de la Cibeles, 2
✆ +34 915 954 800
www.casamerica.es
M° Banco de España.
Visites guidées samedi et dimanche à 11h, 12h et 13h. Fermé en août. Entrée : 8 € (tarif réduit : 5 €).
La maison de l'Amérique se trouve dans un palais néo-baroque du XIXe siècle. Elle diffuse films, poésies, conférences ou présentations de livres sur la culture sud-américaine. Dans le patio, la *Casa de Muñecas*, ou la maison de poupées, est à admirer. Le palais est entouré de légendes sur la présence de fantômes dans ses murs...

© JORGE DEL CAMPO/CASA DE AMÉRICA
Casa de America Palacio de Linares.

CUATRO TORRES

Paseo de la Castellana
M° Begoña.
Cuatro torres, ce sont quatre tours construites par Norman Foster, Cesar Pelli, Rubio et Álvarez-Sala et I.M.Pei, Cobb, Freed et Partners. La *Torre Espacio*, de 223 m et en verre, prend la forme d'un œil, la *Torre Sacyr Vallehermoso,* de 236 m, abrite un hôtel 5-étoiles, la *Torre Cristal* a un jardin suspendu à 249 m et enfin la plus haute, la *Torre Caja Madrid*, atteint les 250 m. Situé dans un quartier plutôt dédié au business, elles sont à contempler au coucher du soleil avec la vue sur tout Madrid.

FONDATION JUAN MARCH ★

Calle Castelló, 77
✆ +34 914 354 240
www.march.es
info@march.es
M° Nuñez de Balboa.
Ouvert du lundi au samedi de 11h à 20h et le dimanche de 10h à 14h. Entrée libre.
Cette fondation privée possède une importante collection d'art contemporain qu'elle exhibe lors d'expositions temporaires. Également des concerts de musique classique de grande qualité.

FONDATION LÁZARO GALDIANO ★★

Calle Serrano, 122
✆ +34 915 616 084
www.flg.es
difusion@flg.es
M° Rubén Darío.
Du mardi au samedi de 10h à 15h et le dimanche de 10h à 15h. Entrée à 7 € (tarif réduit : 4 €). Visite guidée possible.
José Lázaro Galdiano (1862-1947), un éditeur fortuné, légua sa collection personnelle (ivoires, émaux, éventails, bijoux) et sa pinacothèque (Francisco de Goya, Léonard de Vinci, le Greco, Zurbarán et Jérôme Bosch) à l'Etat espagnol en 1948. La visite est un bon complément du Prado.

Fondation Lázaro Galdiano.

FUNDACIÓN MAPFRE ★★

Paseo de Recoletos, 23
✆ +34 915 816 100
www.fundacionmapfre.org
M° Colón ou Chueca.
Ouvert du lundi au samedi de 11h à 20h et le dimanche de 11h à 19h.
Ce centre culturel propose de nombreuses expositions temporaires de très grande qualité et il met régulièrement en valeur des artistes des XIXe et XXe siècles.

MUSÉE ARCHÉOLOGIQUE ★★

13 Calle Serrano
✆ +34 915 777 912
http://man.mcu.es
sugerencias.man@mcu.es
M° Serrano.
Ouvert du mardi au samedi de 9h30 à 20h et dimanche de 9h30 à 15h. Entrée : 3 € (tarif réduit : 1,50 €)
C'est l'une des plus importantes collections archéologiques d'Europe allant de la Préhistoire jusqu'au XIXe siècle. Il ne faut pas manquer la reproduction des grottes d'Altamira (Santander), la sculpture de la Dame d'Elche, le Trésor de Guarrazar, ni les collections d'Egypte et de Grèce.

MUSÉE SOROLLA ★★

Calle General Martínez Campos, 37
✆ +34 913 101 584
http://museosorolla.mcu.es
museo@msorolla.mcu.es
M° Iglesia ou Gregorio Marañón.
Ouvert du mardi au samedi de 9h30 à 20h et le dimanche de 10h à 15h. Entrée : 3 € (tarif réduit : 1,50 €).
La maison de 1911 conserve son mobilier original. Le peintre impressionniste, Sorolla (1863-1923), dessina le jardin de style andalou. C'est l'occasion de découvrir une sélection de ses peintures.

© LINDASKY76 - SHUTTERSTOCK.COM

Musée Archéologique.

MUSÉE TAURINO ★★

Plaza de Toros de Las Ventas
Calle Alcalá, 237 ✆ +34 917 251 857
M° Ventas. A côté de las Ventas, dans le patio de los Caballos.
Ouvert tous les jours de 10h à 18h (de 10h à 16h les jours de corrida). Entrée libre.
Pour être imbattable sur la corrida, vous pouvez visiter le Museo taurino qui abrite une collection de tableaux, gravures et autres documents ayant trait à ce thème.

PARQUE EL CAPRICHO DE LA ALAMEDA DE OSUNA

Avenida de la alameda de Osuna
✆ +34 915 880 114
M° El Capricho.
Octobre à mars : samedi, dimanche et jours fériés, 9h-18h30. Avril-septembre : samedi, dimanche et jours fériés, 9h-21h.
Ce parc, l'un des plus beaux de la ville, est souvent méconnu ou ignoré. Dommage ! Même s'il est un peu éloigné, il est magnifique : jardins français, anglais et italiens structurent le parc.

TERRITORIO ATLETI

Cívitas Metropolitano
Avenida de Luis Aragonés, 4
✆ +34 913 650 931
www.atleticodemadrid.com
territorioatleti@atleticodemadrid.com
M° Estadio Metropolitano.
Tous les jours de 11h à 18h. 16 € l'entrée, pack avec la visite du stade à 24 €. Réductions sur le site Internet.
Dans les entrailles du flambant neuf stade Cívitas Metropolitano se trouve le Territorio Atleti, l'incontournable musée de l'Atlético de Madrid, particulièrement enrichi depuis le titre de champion d'Espagne en 2021.

LAS VENTAS ★★★

Plaza de Toros de Las Ventas
Calle Alcalá, 237
✆ +34 913 562 200
www.las-ventas.com
taurodelta@taurodelta.es
M° Ventas.
Les corridas ont lieu chaque dimanche, à 18h, de la mi-mars à la mi-octobre. De 5,50 € à 162 €.
Située sur une esplanade de la calle d'Alcalá, dans l'est de Madrid, la plaza de toros la plus importante du monde a été inaugurée en 1931. L'arène est d'un diamètre de 60 mètres, autour duquel 23 000 spectateurs se massent pour assister au spectacle. Sous les pieds du torero, le sable d'un jaune lumineux provient d'Andalousie, terre de toutes les corridas. L'édifice, de style mudéjar, est ponctué de briques apparentes et de carreaux de faïence.

Le musée taurin attenant propose tableaux, costumes, affiches et films pour mieux comprendre l'histoire et la culture de la corrida.

SE RESTAURER

A Salamanca, quartier chic de Madrid, de beaux restaurants, branchés ou traditionnels, raviront ceux qui cherchent un cadre moins touristique et une carte souvent plus élaborée que dans les zones les plus courues par les touristes.

UN LIEU UNIQUE

PLATEA WEEKEND

Calle de Goya, 5-7
✆ +34 915 770 025
www.plateamadrid.com
info@plateamadrid.com
M° Serrano ou Colón.
Ouvert vendredi de 18h à 2h30, samedi de 12h à 2h30, dimanche de 12h à 1h.
Voilà un endroit unique à Madrid ! Dans l'ancien et somptueux cinéma Carlos III ont pris place stands de traiteurs et grands restaurants étoilés. La structure du théâtre a été conservée et la scène accueille parfois des shows gastronomiques et des spectacles de cabaret. Un lieu vraiment immanquable lors d'un passage à Madrid !

© PHILIPPE GUERSAN – AUTHOR'S IMAGE

Café Gijón.

BIEN ET PAS CHER

SOPA

Calle Nieremberg, 23
✆ +34 914 131 719
www.sopa.vg
jorgeamorin@sopa.vg
M° Alfonso XIII.
Ouvert du lundi au samedi de 11h à 19h. Compter entre 7 € et 15 €.
Sopa est un restaurant végétarien, un magasin bio et une bijouterie ! Dans un décor orangé, on déguste des soupes chaudes en hiver, des gaspachos en été, des sandwiches ou des pâtisseries autour des grandes tables communes. Même le vin sélectionné est bio. A voir pour le mélange des genres !

BONNES TABLES

CAFÉ GIJÓN

Paseo de Recoletos, 21
✆ +34 915 215 425
www.cafegijon.com
M° Colón ou Banco de España.
Ouvert de 7h30 à 1h30 ; restaurant de 13h à 16h et de 21h à 1h30. Compter 40 € par personne.
Un grand classique madrilène fondé en 1888, un peu défraîchi aujourd'hui. Autrefois connu pour ses *tertulias* (discussions d'intellectuels), il attire toutefois toujours les Madrilènes avides de culture. Hemingway, Ava Gardner ou Camillo Jose Cellas se sont assis autour des tables de ce café.

CASA CAROLA

Calle Padilla, 54
✆ +34 914 019 408
www.casacarola.com
casacarola@casacarola.com
M° Diego de León ou Lista.
Ouvert tous les jours de 13h à 16h. Menu à 32,90 €, à la carte compter 35 €.
Un menu unique avec un verre de vin ou léger apéritif, traditionnel *cocido madrileno*, dessert et café. Une cuisine moderne et créative dans un cadre traditionnel très agréable.

LUXE

A'BARRA
Calle del Pinar, 15
✆ +34 910 21 00 61
www.restauranteabarra.com
reservas@restauranteabarra.com
M° L7 et L10 : Gregorio Marañon.
Ouvert le lundi de 13h30 à 16h et du mardi au samedi de 13h30 à 16h et de 20h30 à minuit. Compter entre 60 € et 120 € et 110 € le menu dégustation composé de 3 apéritifs, 5 plats et 2 desserts.
Un resto, deux ambiances. D'un côté, une salle plutôt traditionnelle et spacieuse avec tables dressées où vous pourrez déguster un excellent jambon accompagné d'un verre de vin.

LES TABLES BRANCHÉES DE SALAMANCA

Madrid, ville cosmopolite et vibrante, toujours sur les starting-blocks de la nouveauté, bouge et ses commerces avec. Côté restaurants de Salamanca, lors de notre passage, nous avons retenu, entre autres :

BAR TOMATE
Fernando El Santo, 26
✆ +34 917 023 870
www.grupotragaluz.com
socialmedia@grupotragaluz.com
M° Colón.
Lundi au jeudi de 8h30 à 1h du matin, vendredi et samedi de 10h à 2h, dimanche de 10h à 1h. De 15 € à 26 € le plat.
A quelques pas de la plaza de Colón, c'est un endroit bien chaleureux et très design. Le décor est en bois brut, avec quelques touches industrielles, la cuisine est ouverte, les serveurs en tablier... C'est chic et sobre, mais il faut réserver. On peut également venir y boire un verre et des DJ se produisent souvent le vendredi et le samedi.

SANTERRA
Calle del General Pardiñas, 56
✆ +34 914 013 580
www.santerra.es
Du mardi au samedi de 13h à 15h30 et de 20h à 22h30. Plats de 26 € à 34 €. Menu dégustation à 95 €.
Au Santerra, le talentueux chef Miguel Carretero réinvente les grands classiques pour proposer une carte de très haute volée, pleine d'inspiration et de technique. Largement inspiré par sa terre natale et les saveurs du terroir de La Mancha, il régale son monde que ce soit dans la partie restaurant ou dans la partie « bistrot ». Notamment grâce à des *croquetas* réputées pour être les meilleures du monde !

De l'autre, un espace tout de bois vêtu où trône un bar gastronomique ovale derrière lequel 5 chefs s'exécutent pour vous concocter les fameux menus dégustation.

SHOPPING

Dans le quartier de Salamanca, se trouve le « kilomètre d'or » que toute bonne fashion victim connaît. Plus précisément, arpenter les rues Serrano, Castelló, Goya, Velázquez, Jorge Juan, Príncipe de Vergara ou encore Ortega y Gasset, c'est côtoyer les boutiques les plus luxueuses de la capitale.

IL GRIFONE VINTAGE

Calle de Nuñez de Balboa, 46
✆ +34 915 759 838
M° Velázquez.
Ouvert du lundi au vendredi de 11h30 à 14h30 et de 17h à 20h30 et le samedi de 11h à 14h30 et de 17h à 20h.
Un très bon plan pour celles et ceux qui aiment la haute couture et notamment les fins de stocks. Il faut fouiller pour trouver quelque chose, mais les prix sont assez attractifs.

PATRIMONIO COMUNAL OLIVARERO

Calle Mejía Lequerica, 1
✆ +34 913 080 505
www.patrimoniolivarero.com
tienda@pco.es
M° Alonso Martínez.
Lundi-vendredi de 10h à 14h et de 17h à 20h, samedi de 10h à 14h. En juillet, lundi-samedi de 9h à 15h. Fermé en août.
Si vous adorez l'huile d'olive, c'est ici qu'il faut l'acheter ! Vous aurez le choix entre plus de 150 huiles venues de tout le pays.
En bidon, en bouteille ou en barrique, biologique, pressée à froid, le choix est immense !

SORTIR

Ces quartiers plutôt chic et résidentiels ont bien sûr une vie nocturne grâce à des établissements de qualité et un peu sélect. A Salamanca : paseo de la Castellana et les rues de Alcalá, María de Molina et Francisco Silvela. C'est chic et un peu glamour. Azca : entre le paseo de la Castellana, les rues Orense, General Perón et Raimundo Fernández Villaverde. Au sous-sol des tours et des entreprises, il y a des clubs et des bars très fréquentés. Pour être au cœur de la vie nocturne : la avenida de Brasil et la rue Orense.

CAFÉS – BARS

CAFE COLÓN MADRID

Plaza de Colón
Calle Goya, 2
✆ +34 914 318 615
M° Colón.
Ouvert tous les jours de 11h à 23h.
Le café Colón, avec son superbe style Art déco et sa décoration épurée, est une bonne idée pour se poser boire un verre avant ou après sa visite du centre culturel de la ville Fernán Gómez situé à quelques mètres.

THE SHAKER MUSIC COCKTAIL BAR

Calle de Alcántara, 38
✆ +34 606 738 864
M° Lista.
Ouvert du dimanche au jeudi de 21h à 3h du matin et vendredi et samedi de 20h à 3h30.
Un peu en dehors des circuits touristiques classiques, The Shaker est un petit joyau caché et encore un excellent bar à cocktail de la capitale espagnole.
Evidemment, le gin tonic est en tête de la carte, mais on retrouve plus d'une centaine de compositions proposées par un bartender de talent.

CLUBS ET DISCOTHÈQUES

FORTUNY

Calle Fortuny, 34
✆ +34 913 192 651
www.fortunyhomeclub.es
M° Rubén Darío.
Ouvert du mardi au samedi de 18h à 5h30. Entrée payante.
Superbe boîte de nuit, très chic, fréquentée surtout par les plus de 30 ans. On prend un verre au rez-de-chaussée et on danse sur une petite piste au sous-sol ou on profite de la terrasse. Mieux vaut être bien habillé pour être sûr de rentrer.

SPECTACLES

AUDITORIO NACIONAL DE MÚSICA

Calle Príncipe de Vergara, 146
✆ +34 913 370 139
www.auditorionacional.mcu.es
auditorio.nacional@inaem.mcu.es
M° Cruz del Rayo.
En général, concerts à 19h30 ou 22h30. Guichet ouvert lundi 16h-18h, mardi au vendredi 10h-17h et samedi 11h-13h.
L'auditorium est le siège de l'Orchestre national d'Espagne. Il comporte une salle pour la musique symphonique et une autre en demi-cercle pour la musique de chambre.

FERNÁN GÓMEZ – CENTRE CULTUREL DE LA VILLE

Plaza de Colón, 4
✆ +34 914 362 540
www.teatrofernangomez.es
info@teatrofernangomez.com
M° Colón.
Achat des billets sur place, du mardi au dimanche de 11h à 13h30 et de 17h à 19h. Compter de 10 à 30 € environ la place.
Sous la fontaine de la plaza Colón se trouve l'ancien *Centro Cultural de la Villa*. En plus des expositions ont lieu des spectacles de *zarzuela*, de théâtre contemporain, des concerts et des conférences. Les prix sont très corrects.

LA LATINA, PLAZA MAYOR ET LAVAPIÉS

Casa de la Panadería sur la Plaza Mayor.

© STÉPHAN SZEREMETA

IMMANQUABLE DANS CE QUARTIER

- Découvrir la royauté au Palais Royal et flâner sur la plaza de Oriente.
- Boire un verre sur une terrasse de la plaza Mayor.
- Flâner aux puces du Rastro le dimanche matin.
- Toucher l'âme de Madrid dans le quartier bohème de Lavapiés.
- Se régaler de tapas dans les établissements de la Cava Baja.

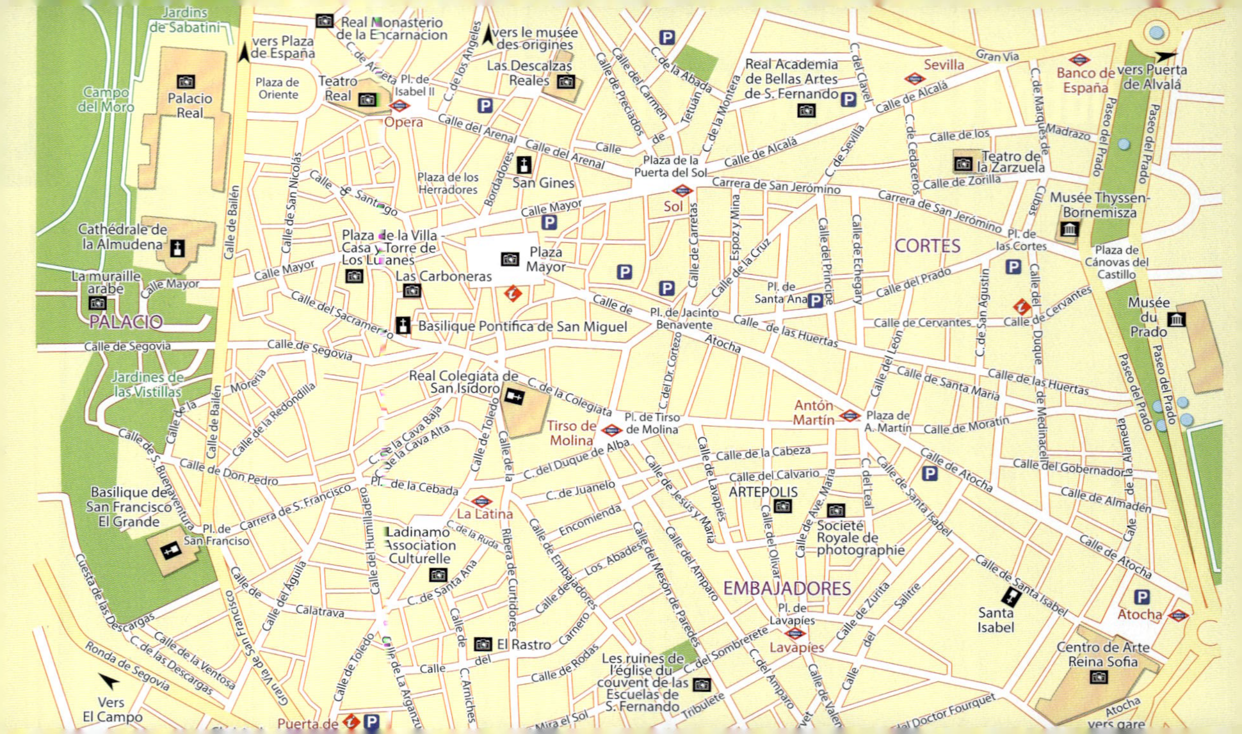

Jardins de Sabatini
Campo del Moro
Palacio Real
Cathédrale de la Almudena
La muraille arabe
PALACIO
Jardines de las Vistillas
Basilique de San Francisco El Grande
Pl. de San Francisco
Vers El Campo
vers Plaza de España
Plaza de Oriente
Teatro Real
Opera
Real Monasterio de la Encarnacion
Pl. de Isabel II
vers le musée des origines
Las Descalzas Reales
San Gines
Plaza de los Herradores
Plaza de la Villa Casa y Torre de Los Lujanes
Las Carboneras
Plaza Mayor
Basilique Pontifica de San Miguel
Real Colegiata de San Isidoro
Tirso de Molina
Pl. de Tirso de Molina
La Latina
Ladinamo Association Culturelle
El Rastro
Puerta de Toledo
Plaza de la Puerta del Sol
Sol
Real Academia de Bellas Artes de S. Fernando
Sevilla
Banco de España
vers Puerta de Alvalá
Teatro de la Zarzuela
Musée Thyssen-Bornemisza
CORTES
Pl. de las Cortes
Plaza de Cánovas del Castillo
Musée du Prado
Pl. de Santa Ana
Pl. de Jacinto Benavente
Antón Martín
Plaza de A. Martín
ARTEPOLIS
Societé Royale de photographie
EMBAJADORES
Pl. de Lavapiés
Lavapiés
Les ruines de l'église du couvent de las Escuelas de S. Fernando
Santa Isabel
Atocha
Centro de Arte Reina Sofia
vers gare Atocha
Gran Via
Calle de Alcalá
Calle del Arenal
Calle Mayor
Calle de Bailén
Calle de Segovia
Calle de Toledo
Carrera de San Jerónimo
Paseo del Prado
Calle de Atocha
Calle de las Huertas
Calle del Prado
Calle de Cervantes
Calle del Duque de Medinaceli
Calle de Santa Isabel
Calle de Embajadores
Calle de Lavapiés
Calle de Moratín
Ribera de Curtidores
Gran Via de San Francisco
Ronda de Segovia
Cuesta de las Descargas

LA LATINA, PLAZA MAJOR ET LAVAPIÉS
IMPERIAL
ACACIAS
ARGANZUELA
COMILLAS
Embajadores
Palos de la Frontera
Acacias
Pirámides
Delicias
Marqués de Vadillo
Glorieta de Embajadores
Glorieta de Santa María de la Cabeza
Glorieta de las Pirámides
Plaza de Ortega y Munilla
Plaza de F. Moreno
Plaza del Gen. Maroto
Plaza de la Beata María Ana de Jesús
Musée du chemin de fer
Vers Museo de Sciencia & Tecnologia
vers le stade Vincente Calderón
vers Parque Enrique Tierno Galván et Planetarium de Madrid
vers Matadero Madrid
Parque de la Peñuelas
Parque de la Arganzuela
Parque del Matadero
Palais de Cristal
Jardines del Rastro
Río Manzanares
Paseo de las Acacias
Paseo del Doctor Vallejo Nájera
Paseo de Santa María de la Cabeza
Paseo de las Delicias
Paseo de la Esperanza
Paseo de las Yeserias
Paseo de la Chopera
Paseo Imperial
Calle de Toledo
Calle de Embajadores
Calle del Ferrocarril
Calle de Arganda
Calle de Melilla
Calle del Gasómetro
Calle de Antonio López
Calle de Antonio Leyva
Calle de la Batalla del Salado
Calle de Ancora
Calle de Canarias
Calle de Tarragona
Calle de Cáceres
Calle de Fernando Poo
Calle del Divino Vallés
Calle Aguilon
Calle de Gargantilla
Calle de las Naves
Calle de Ercilla
Calle de Martín de Vargas
Calle de Moratines
Calle del Laurel
Calle de las Peñuelas
Calle de Bernardino Obregón
Calle de Sebastián
Calle de las Delicias
C. de Vizcaya
Elcano
Ronda de Valencia
C. de Fray Luis de León
Calle de Carmen
Calle de Jac.
Verdaguer
C. de Soria
C. de la R. Curtidores
C. de San Isidoro de Sevilla
C. del C. Benito Martín Lozano
Cas Ida
P. de Rosa
C. de La Caoba
C. de Valdelaserra
C. de Carvajales
C. de Tomás Borrás
C. de G. de Osma
C. de A. Carbonell
Calle de T. Bretón
Calle de Jaime "El Conquistador"
Musée
Curiosité
Edifice religieux
information
Station de métro
0
300 m
N
P

LA LATINA, PLAZA MAYOR ET LAVAPIÉS

Ici se trouvent le cœur du Madrid historique et les témoins de l'histoire du royaume d'Espagne. La ville naît aux alentours du Palais royal et s'étend progressivement vers l'est avec la construction de la plaza Mayor. Entre les deux, se situe le vieux Madrid, dont les rues ont conservé une certaine ambiance d'autrefois. Les multiples bars et magasins de musique (on est près de l'opéra) du quartier n'empêchent pas d'imaginer de véritables scènes de cape et d'épée d'antan.

Le quartier de la Plaza Mayor et de l'Opéra est surnommé « Los Austrias », de la Maison d'Autriche. Il englobe la plaza Mayor, le Palais royal, el campo del Moro et les jardins Sabatini, la plaza de Oriente, la cathédrale de l'Almudena et l'Opéra (Teatro Real). Il ne reste presque rien de la période arabe, et c'est surtout une architecture des XVIe et XVIIe siècles qui domine. Ce quartier est à voir absolument... pour sa richesse, son charme et l'histoire qu'il véhicule. C'est un quartier pratique pour séjourner car à deux pas des monuments historiques. Pour y accéder, on descend aux stations de métro Sol ou Opera. Sur la plaza Mayor, on trouve l'office du tourisme et plein de terrasses de café. Elle est très animée et accueille de nombreux marchés ou expositions tout au long de l'année. Ses alentours sont inondés de bars et de restaurants, dont des commerces centenaires à l'atmosphère unique. Depuis la plaza Mayor, tout est proche : Sol et Gran Vía, Huertas, Chueca et Malasaña.

La Latina et Lavapiés sont au sud de la plaza Mayor. On les qualifie de quartiers alternatifs. La Latina est un quartier qui englobe de manière générale la place Tirso de Molina, descend jusqu'à la Puerta de Toledo et termine à la plaza de la Paja. Le long des rues courbes de la Latina, un vieux quartier du Moyen Age, se trouvent des bars à tapas typiques. Ambiance décontractée mais qui devient de plus en plus à la mode. Deux rues sont particulièrement connues pour leur ambiance festive : calle la Cava Alta et calle la Cava Baja. Le dimanche et les jours fériés, autour de la plaza Cascorro, a lieu El Rastro (les puces) de Madrid. Si la Latina n'a pas perdu de son cachet, on parle souvent de ce quartier comme d'un repère pour les bobos.

Lavapiés, situé au sud de la Puerta del Sol, est depuis toujours un quartier à part. Des juifs de la fin du XVe siècle, qui devaient se laver les pieds pour en sortir, aux humbles ouvriers qui l'ont habité dans les années 1950-1960, il accueille aujourd'hui les nouvelles générations d'immigrés (indiens, latino-américains, chinois et maghrébins) et Madrilènes à contre-courant. Lieu alternatif par

Basilique de San Francisco el Grande.

excellence, revendicatif et politisé, Lavapiés mélange la bohème et la marginalité. Artistes engagés, jeunes et déclassés s'y mêlent pour vivre à leur manière. Le quartier de Lavapiés se prête à merveille aux sorties décontractées. Ne pas visiter Lavapiés serait ne pas comprendre une partie de l'âme même de Madrid. On arrive à la plaza Lavapiés, où se trouve le théâtre Valle-Inclan et d'où partent les rues Valencia, Argumosa, connue pour ses bars et restaurants, et Tribulete. Lavapiés n'a en soi que peu d'attraction touristique ; il faut simplement s'y balader, car c'est l'un des quartiers les plus vivants et intéressants de Madrid, un laboratoire artistique et social, qui représente le métissage à la madrilène. Les petits budgets y trouveront également leur bonheur.

Accès. Les quartiers sont tous proches les uns des autres et le mieux pour les parcourir est de marcher. Les stations de métro, au cas où, sont Sol, La Latina, Opera, Tirso de Molina et Lavapiés.

VISITER

S'il fallait choisir un quartier à privilégier pour aborder la capitale, c'est bien celui de Los Austrias. Puisque la plaza Mayor est à elle seule l'un des symboles de Madrid pour son passé grandiose. Le quartier de l'Opéra est majestueux, avec notamment le Palais royal. Dans le quartier bobo de la Latina, il ne faut pas manquer le dimanche le marché du Rastro.

BASILIQUE DE SAN FRANCISCO EL GRANDE ★★

Calle San Buenaventura, 1
✆ +34 913 653 800
M° La Latina.
Ouvert du mardi au samedi 10h30-13h et 16h-18h30 ; en juillet-août, du mardi au dimanche 10h-13h et 17h-19h30. 5 €.
Cet immense temple baroque situé un peu en retrait du circuit touristique traditionnel, occupe, selon la légende, les lieux d'une ancienne chapelle construite par saint François d'Assise au XIIIe siècle.

Basilica Pontificia de San Miguel.

BASILIQUE PONTIFICIA DE SAN MIGUEL ★

Calle San Justo, 4
M° La Latina.
De début juillet à mi-septembre, ouvert du lundi au samedi de 9h45 à 13h15 et de 18h à 21h15 et le dimanche de 9h45 à 13h30 et de 18h30 à 21h15. Le reste de l'année, ouvert du lundi au samedi de 9h45 à 13h30 et de 17h30 à 21h15 et le dimanche de 9h45 à 14h15 et de 18h à 21h15. Entrée gratuite.

L'église baroque San Miguel est construite entre 1739 et 1745. L'originalité de sa façade convexe est une solution qu'a trouvée son architecte, Bonavia, pour s'adapter à l'étroitesse du terrain.

CASA ENCENDIDA ★

Ronda de Valencia, 2
✆ +34 902 430 322
www.lacasaencendida.com
casaencendida@cajamadrid.es
M° Embajadores.
Ouvert du mardi au dimanche de 10h à 22h (dernière entrée à 21h45). Entrée libre. Spectacles à 5 € en moyenne.

Fondation socio-culturelle de Montemadrid unique en son genre : elle regroupe toutes les avant-gardes sociales et culturelles. Ses dadas sont les arts modernes, l'environnement, la solidarité, la démocratisation de la culture. La Casa Encendida est à la fois un centre d'expositions, une fondation qui offre des bourses à de jeunes artistes, une médiathèque, des ateliers de courte durée et un magasin du commerce équitable (*Solidaridad Internacional*).

LA RELÈVE DE LA GARDE

Tous les premiers mercredis du mois (sauf de juillet à septembre), à midi pile, c'est la relève, très solennelle, de la garde du Palais royal. 400 hommes et 100 cavaliers (lanciers, hallebardiers, porte-fusils, artilleries, porte-munitions...) changent de place dans un ballet très précis, pendant 1 heure. Le spectacle est le même depuis les rois Alfonso XII et Alfonso XIII. La garde porte les uniformes bleu, blanc et rouge de l'armée espagnole d'alors.

Pour compléter le spectacle, si ça vous plaît, rendez-vous à Puerta del Príncipe (calle Bailén). Tous les mercredis (sauf en juillet, août et septembre) de 11h à 14h. Les sentinelles du palais se relèvent toutes les 30 minutes : deux à pied et deux à cheval, accompagnées d'un fifre et d'un tambour.

© KIEV.VICTOR – SHUTTERSTOCK.COM

Église San Ginés.

CATHÉDRALE DE LA ALMUDENA ★★

Plaza de la Almudena
✆ +34 915 422 200
www.catedraldelaalmudena.es
A côté du Palais royal. M° Opera.
Musée-coupole : lun-sam 10h-14h30. Cathédrale : 10h-20h, 10h-21h (juil-août). Entrée musée : 7 € (cathédrale gratuite).

Le projet de la cathédrale date de 1879, dessiné par le marquis de Cuba. On prévoyait un édifice néogothique doté d'une crypte romane, mais les travaux furent interrompus et le projet abandonné jusqu'en 1946. Carlos Sidro et Fernando Chueca Goitia reprirent la construction, cette fois-ci dans un style néobaroque. La cathédrale fut achevée en 1993 et inaugurée par le pape Jean-Paul II. Au final, elle est néoclassique à l'extérieur, néogothique à l'intérieur et la crypte plutôt romane.

ÉGLISE SAN GINÉS ★★

Calle Arenal, 13
M° Sol.

L'église date du Moyen Age, mais l'édifice actuel résulte de multiples travaux de rénovations qui suivirent de grands incendies (1645 et 1824). La chapelle del Santísimo Cristo a conservé le trésor le plus important de San Ginés, avec des œuvres d'Alonso Cano, Lucas Jordane et el Greco. A l'entrée, une plaque rappelle qu'ici fut baptisé Francisco de Quevedo et que Lope de Vega y célébra son mariage. Le clocher est de style mudéjar. Les tours et les flèches sont du XVIIe.

© STÉPHAN SZEREMETA

Cathédrale Nuestra Senora de la Almudena.

Muraille Arabe.

JARDINS DE SABATINI ★★

Calle Bailén

M° Ópera. Ou entrée par l'arrière sur la cuesta de San Vicente.

Ouvert de début octobre à fin avril de 9h à 21h et de mai à septembre de 9h à 22h. Entrée libre.

Au pied du Palais royal, les beaux jardins à la française ouvrirent dans les années 1930, à l'emplacement des écuries du palais.

MURAILLE ARABE ★

Cuesta de La Vega

M° Opera. A gauche de la cathédrale.

La muraille arabe fut édifiée en 865 par Mohamed Ier, émir de Cordoue, pour protéger l'Alcazar et la mosquée des avancées militaires chrétiennes. Il en reste un pan de 150 m situé au début de la montée de Vega, déclaré aux Monuments historiques et artistiques en 1954. Elle est très agréable au coucher du soleil.

PALAIS ROYAL ★★★

Calle Bailén

✆ +34 914 548 800

Voir page 15.

PLAZA DE LA VILLA ★

Calle Mayor

M° Opera ou Sol.

Une superbe place sur laquelle trônent trois bâtiments de trois siècles différents :

Jardins de Sabatani.

© FOTOEVENTIS – SHUTTERSTOCK.COM

Plaza de la Villa.

- **Au n° 2,** maison et tour des Lujanes du XVe, dont l'influence mudéjar se voit dans la tour et la petite porte (rue del Codo).
- **Au n° 4,** maison de Cisneros, du nom du neveu de l'inquisiteur collaborateur d'Isabel et de Ferdinand, du XVIe siècle.
- **Au n° 5,** casa de la Villa, l'ancien hôtel de ville, est caractéristique du XVIIe : pierre rouge, granit et toit d'ardoises.

PLAZA DE ORIENTE ★★

Face au Palais royal.
Joseph Bonaparte, frère de Napoléon, projette la construction de cette place. En 1841, elle est achevée, semblable à celle d'aujourd'hui. En entamant le tour de la place, on découvre les statues des rois espagnols. La statue équestre de Philippe IV, au centre, fut réalisée d'après un dessin de Velázquez. Le cheval se tient sur les pattes arrière, ce qui posait un véritable problème technique pour les 9 tonnes de bronze qui la constituent.

PLAZA MAYOR ★★★

Calle Mayor, 2
Voir page 13.

EL RASTRO ★★

Voir page 14.

© STÉPHAN SZEREMETA

Plaza de Oriente, statue de Philippe IV.

Viaduc.

REAL MONASTERIO DE LA ENCARNACIÓN

Plaza de la Encarnación, 1
✆ +34 914 548 800
info@patrimonionacional.es
M° Opera.
Ouvert de mardi à samedi de 10h à 14h et de 16h à 18h30. Le dimanche et jours fériés de 10h à 15h. Entrée : 6 €.
La reine Marguerite d'Autriche, épouse de Philippe III, fonde ce monastère dédié à l'Incarnation pour célébrer l'expulsion des Maures du royaume. L'église abrite un reliquaire fait de 700 pièces de bronze, de corail, d'ivoire, de bois d'Italie, d'Allemagne, d'Espagne et des Pays-Bas. Sur la façade, au-dessus des trois arcs, deux fenêtres, deux armoiries royales et un bas-relief représentant l'Annonciation. Le couvent est toujours en fonction.

VIADUC ★

Calle Bailén
M° Opera ou La Latina.
Le premier viaduc date de la fin du XIXe siècle. Le nouveau est dessiné en 1932, il est finalement construit en 1949 au-dessus de la calle Segovia, après la guerre. Pedro Almodóvar l'a souvent utilisé comme décor (*Talons aiguilles*, *Matador*) et la vue sur Madrid y est incroyable. De quoi faire chauffer son appareil photo !

SAN ISIDRO

C'est le saint patron de Madrid et des agriculteurs. Il est fêté le 15 mai et, à cette occasion, les Madrilènes ne travaillent pas. D'origine modeste, Isidro, né à la fin du XIe siècle, était un paysan très pieux, au service de divers maîtres madrilènes. La tradition lui attribue plusieurs miracles. Par exemple, il aurait été aidé par des anges pour labourer les champs. On raconte aussi qu'il multiplia la quantité de nourriture au cours d'un repas pour les pauvres. Il fut canonisé en 1622.

SE RESTAURER

Dans le quartier de la plaza Mayor, les prix sont légèrement plus élevés en raison de la concentration de touristes, mais on peut s'y restaurer correctement. En s'éloignant de quelques mètres de la plaza Mayor (en allant vers la Latina et Antón Martín), on mange très bien. Les petites rues de ce quartier, très agréables, abondent en bonnes adresses.

La rue de la Cava Baja, à 5 minutes à pied de la plaza Mayor, concentre de superbes bars à tapas. A Lavapiés, on trouve tous les types de cuisine pour pas cher.

SUR LE POUCE

BAR LA IDEAL
Calle Botoneras, 4
✆ +34 913 657 278
M° Sol.
Ouvert tous les jours de 9h30 à minuit. Compter 3 € le sandwich et entre 4 € et 6 € la ration.
Dans les ruelles menant à la plaza Mayor, La Ideal est fréquenté par les gens du quartier. Des sandwiches pour environ 3 € attirent les foules.

BODEGAS RICLA
Calle de los Cuchilleros, 6
✆ +34 913 652 069
M° Tirso de Molina ou Sol.
Du lundi au samedi de 13h30 à 16h30 et de 20h à minuit, dimanche de 13h30 à 18h. Entre 15 € et 20 € le repas tapas.
Les délicieuses tapas et *raciones* honorent la tradition madrilène : les tripes (*callos*) sont un régal. Si les abats, ce n'est pas votre truc, goûtez les fines tranches de morue macérées dans l'huile d'olive (*bacalao*). Pour boire : vins et liqueurs sont à la carte depuis le XIXe siècle dans cette taverne typique, exiguë et animée et à deux pas de la plaza Mayor.

OÙ MANGER UN BON BOCATA DE CALAMARES ?

Les *bocatas de calamares* (sandwiches aux beignets de calamar) sont une des spécialités de la capitale espagnole. Un sandwich tout simple, parfois agrémenté de mayonnaise, est apprécié des Madrilènes, et typique de la zone de la plaza Mayor.

Quelques conseils pour les savourer :

- **Ces bars** peuvent avoir l'air sales. En général, plus vous aurez cette sensation, plus le bar sera de bonne qualité.
- **Les sandwiches** ne doivent pas coûter plus de 3,50/4 € : si le prix est supérieur, c'est un attrape-touristes.
- **On mange** debout et on jette les déchets par terre. Si vous voyez des poubelles, utilisez-les, mais si vous visez mal, aucun problème.
- **Notre adresse préférée ?** La Casa Rua, calle de Ciudad Rodrigo, 3 (la petite rue qui relie la plaza Mayor au mercado San Miguel). Celui du bar La Ideal, également dans l'une des petites rues qui débouchent sur la plaza Mayor, n'est pas mal non plus.

CASA RUA
Calle Ciudad de Rodrigo, 3
✆ +34 915 42 70 74
M° Sol.
Ouvert tous les jours de 10h30 à 23h30. Sandwichs à 3,60 €. Rations de 5 € à 8 €.
Ce bar à sandwiches propose de tout petits prix et des matières premières de qualité. Très accueillant, vous y trouverez cependant souvent de longues files d'attente devant la porte. Les *bocadillos* sont élaborées devant vous et ceux aux calamars sont l'incontournable spécialité de la *casa*.

DELIC CAFÉ
Costanilla San Andrés, 14
✆ +34 913 645 450
www.delic.es
bazardelic@gmail.com
M° La Latina.
Mercredi, jeudi et dimanche de 11h à 2h du matin, vendredi et samedi de 11h à 2h30. Entre 10 et 15 €.
Ici, c'est un peu tout, pour tous les moments de la journée : bar, restaurant ou salon de thé ! Sa réputation vient de ses tartes maison et de ses cocktails, notamment les mojitos (8 €).

PAUSE GOURMANDE

CARAMELOS PACO
Calle Toledo, 53-55
✆ +34 913 540 670
www.caramelospaco.com
info@caramelospaco.com
M° La Latina.
Ouvert du lundi au samedi de 10h à 14h et de 17h à 21h et le dimanche de 11h à 15h.
Fondée en 1936, Caramelos Paco est la Mecque des gourmands. On y trouve toutes les friandises imaginables, comme des bonbons au champagne. Cette boutique ne passe pas inaperçue. Regardez la vitrine.

MUSEO DEL PAN GALLEGO
Plaza de Herradores, 9
✆ +34 915 425 160
M° Ópera ou Sol.

Delic Café.

Dimanche, lundi de 8h30 à 15h, mardi au vendredi de 8h30 à 15h et de 17h à 21h, samedi de 8h30 à 15h30 et de 17h à 21h.
Cette boulangerie propose des spécialités de Galice : *empanadas* (salé) ou tarte de Santiago de Compostela (sucré) et autres délices.

BIEN ET PAS CHER

LA BUGA DEL LOBO

Calle Argumosa, 11
✆ +34 915 288 838
M° Embajadores ou Lavapiés.
Lundi au jeudi de 12h à 1h, vendredi au dimanche de 10h30 à 2h30. De 12 € à 21 € le plat.
Dans un cadre bigarré, la cuisine mélange les influences espagnoles, orientales, caribéennes et sud-américaines ! Tout un programme ! Les jus de fruits frais et les cocktails sont excellents. Juste à côté, un espace culturel projette des films et organise des expositions toute l'année, renseignez-vous à la Buga.

CASA REVUELTA

Calle Latoneros, 3
✆ +34 913 663 332
M° Sol. A l'angle de la Puerta Cerrada.
Du mardi au samedi de 10h30 à 16h et de 19h à 23h et le dimanche de 10h30 à 16h. Compter entre 12 € et 20 €.
En apparence, ce petit bar n'a rien d'extraordinaire sous son store rouge, mais à en juger par la foule qui s'y presse en permanence, le chef a du talent. Il n'y a qu'une chose à dire : la maison propose certainement « la meilleure morue de Madrid » !

POUR LES FÊTARDS ET LES GOURMANDS

Les churros, petits beignets frits, sont une spécialité espagnole que les Madrilènes adorent déguster accompagné d'un chocolat chaud bien épais.

Ouvert à la fin du XIXe siècle, cette chocolaterie a nourri plusieurs générations de gourmands et continue de le faire. Il est impressionnant le week-end de voir la queue qui se forme devant l'entrée. Enfin les noctambules seront heureux d'apprendre qu'il est possible de se rassasier de churros et de chocolat chaud à la sortie des boîtes et des bars puisque l'adresse ne ferme jamais.

CHOCOLATERÍA SAN GINÉS

Pasadizo de San Ginés, 5
✆ +34 913 656 546
www.chocolateriasangines.com
reservas@chocolateriasangines.com
M° Sol. Situé dans une ruelle qui va de la calle Mayor à la calle Arenal.
Ouvert tous les jours 24h/24.
Une institution à Madrid ! Tasse de chocolat chaud et churros à toute heure du jour et de la nuit !

MELO'S

Calle Ave María, 44
✆ +34 915 275 054
M° Lavapiés.
Ouvert du mardi au samedi de 20h à 1h du matin. Compter 15 € pour un repas tapas.
Un vrai restaurant de la rue madrilène ! Ici, on mange debout d'excellentes (et énormes) croquettes, des piments de Padrón et autres spécialités galiciennes, mais surtout la Zapatilla, un énorme sandwich avec d'infinies couches de jambon et de fromage grillé. Une adresse à ne pas manquer !

LA MORDIDA DE FUENTES

Calle Las Fuentes, 3
✆ +34 911 265 046
www.lamordida.com
info@lamordida.com
M° Opera.
Lundi au jeudi 13h30 à 16h et 20h à 0h, vendredi et samedi de 13h30 à 1h, dimanche de 13h30 à 0h. 13 € à 18 € le plat.
Pour changer un peu et manger mexicain, La Mordida est parfait pour déguster des nachos, des enchiladas, des tacos, du poulet piquant avec une bière ou un cocktail à la main. La décoration, la musique, les couleurs, les têtes de mort et masques de lutteurs propulsent directement au Mexique.

Autre adresse : Travesía del Conde, 4 (à l'angle de la calle Segovia)

LA MUSA LATINA

Costanilla de San Andrés, 12
✆ +34 913 540 255
www.grupolamusa.com
lamusalatina@grupolamusa.com
M° La Latina.
Lundi au mercredi de 10h à 1h, jeudi de 10h à 1h30, vendredi et samedi de 10h à 2h et dimanche de 10h à 1h. 20 € à 30 €.
La recette ? Une déco colorée sur fond sonore électro tendance avec une assiette soignée tendance tapas et cuisine fusion aux influences japonaises. Le restaurant est moins animé à midi mais ne perd pas de son charme pour autant. Notamment grâce à la petite terrasse sur la charmante place San Andrés et son coin d'ombre salvateur. Le menu tapas pour deux personnes est à tester.

NAP

Calle del Ave María, 19
✆ +34 911 250 742
M° Antón Martín.
Lundi au jeudi 13h30-16h30 et 20h-0h, vendredi 13h30-16h30 et 20h-0h30, samedi et dimanche 13h30-0h30. De 10 € à 20 €.
Bienvenue dans la meilleure pizzeria du quartier, avec le sourire en plus ! Simples, fraîches et bien réalisées (ce qui est plutôt rare dans la capitale), ces pizzas au feu de bois, qui semblent sorties tout droit d'un restaurant de Naples, sont juste parfaites.

TABERNA LA CONCHA

Cava Baja, 7
✆ +34 616 910 671
www.laconchataberna.com
hola@laconchataberna.com
M° La Latina.
Ouvert tous les jours de 13h à 2h du matin. Tapas de 4,50 € à 12 €.
La Concha est l'un des (petits) bars à tapas les plus courus de la Cava Baja par les Madrilènes, qui n'hésitent pas à s'attabler au sous-sol une partie de la soirée. Réputé aussi pour son vermouth, c'est une adresse à ne pas louper !

LA CAVA BAJA, LE PARADIS DES TAPAS

La Cava Baja est le lieu incontournable pour qui veut profiter d'une soirée tapas typiquement madrilène. Voici trois excellentes adresses parmi les dizaines qui ont élu domicile dans la rue.

■ LA CHATA
Cava Baja, 24
✆ +34 913 661 458
M° La Latina.
Tous les jours de 13h30 à 16h30 et de 20h à 0h30. De 11,20 € à 23 € le plat et de 3 € à 5 € la tartine.
La Chata est décorée de carreaux de faïence, de poutres en bois où sont accrochés les jambons avec des affiches du monde taurin. Tout y est pour le dépaysement. En bas, il y a une salle de restaurant et en haut une salle pour déguster des plats traditionnels à un très bon prix. Les casseroles, servies dans une assiette en terre cuite, de calamars dans leur encre, d'haricots blancs avec des coques ou de poivrons farcis sont succulentes.

■ TABERNA EL TEMPRANILLO
Calle Cava Baja, 38
✆ +34 913 641 532
M° La Latina.
Ouvert le lundi de 13h à 16h et du mardi au dimanche de 13h à 16h et de 20h à minuit. Compter 15 € par personne.
Très populaire pour ses vins et ses tapas, El Tempranillo régale tous les jours Madrilènes et touristes bien informés. Ses murs en pierres apparentes, son grand bar en bois et les centaines de bouteilles exposées confèrent au lieu une ambiance délicieusement chaleureuse.

© ISTOCKPHOTOLUIS

■ TABERNA TXAKOLINA
Calle Cava Baja, 26
✆ +34 913 664 877
M° La Latina.
Lundi au vendredi 12h-17h et 19h-0h, samedi et dimanche de 12h à 2h du matin. Entre 15 € et 20 € par personne.
Un bel établissement moderne, dont les tapas, alignées sur le bar, vous feront de l'œil la porte à peine franchie. *Croquetas, bombas* ou mini-hamburgers, il y en a pour tous les goûts et la qualité est au rendez-vous. Une adresse qui, victime de son succès, ne désemplit pas...

LA PALOMA
Calle Toledo, 85
✆ +34 913 653 131
M° La Latina ou Puerta de Toledo.
Du jeudi au mardi de 12h à 16h et de 19h à 23h. Entre 20 € et 25 € pour un repas tapas avec de bons fruits de mer.
L'endroit ne paye pas de mine, mais c'est sûrement l'une des meilleures adresses de la capitale pour déguster des fruits de mer frais. Huîtres, couteaux, langoustines, faîtes votre choix ! La plupart viennent de Galice.

BONNES TABLES

CAN PUNYETES
Calle Señores de Luzón, 5
✆ +34 915 420 921
www.canpunyetes.com
M° Opera. En face de la plaza de la Villa.
Ouvert de 13h à 17h et de 20h à 1h, sauf le dimanche soir. A la carte, compter de 6,50 € à 17 € le plat.
Une cuisine catalane avec des viandes cuites au feu de bois, dans une

JOSÉ GONZÁLEZ, RESTAURATEUR

Avec son frère Antonio, il dirige le Sobrino de Botín, le plus ancien restaurant du monde, d'après le livre *Guinness des records*. L'établissement est fondé en 1725 par un cuisinier français de la haute société... et n'a jamais cessé de fonctionner depuis. A l'origine, les gens venaient cuisiner dans le four à bois, toujours visible et en activité. Ensuite, c'est une taverne qui s'agrandit avec le temps. En 1920, le grand-père González reprend l'affaire et l'agrandit. A l'époque, la famille habite au 3e étage. En 1973, le 2e étage est transformé en salon.

Aujourd'hui, c'est la troisième génération de la famille González qui en est toujours l'heureuse propriétaire. Plus jeune, José ne pensait pas hériter du restaurant, même si dès l'âge de 12 ans il y travaille pendant ses vacances. Ce qu'il privilégie par-dessus tout : l'hospitalité, le service et la cuisine. Si le restaurant a subi des transformations, il conserve cet esprit d'auberge à la cuisine traditionnelle. José se dit gourmet et gourmand. Outre son établissement, il recommande vivement :

NÁJERA
Calle de Guzmán El Bueno, 55
✆ +34 915 431 082
www.barnajera.com
hola@barnajera.com
M° Moncloa.
Ouvert du lundi au samedi de 9h à minuit. Compter entre 10 € et 23 € le plat.
On n'y va pas pour sa déco rétro qui date des années 1960. C'est un ancien bar, avec une vraie âme et où la nourriture est excellente. Il faut goûter les croquettes de crevettes, leurs poissons et leurs viandes qui sont délicieux.

© CASA CIRIACO

Casa Ciriaco.

ambiance typique des tavernes. Le pain de campagne recouvert de sauce tomate accompagne tous les plats (goûtez également les *tapas* de *queso manchego* ou d'anchois marinés) et pour le dessert, place à la crème catalane maison.

Autre adresse : San Agustín, 9 (Huertas) ✆ +34 91 429 94 83

CASA CIRIACO

Calle Mayor, 84
✆ +34 915 480 620
www.casaciriaco.es
info@casaciriaco.es
M° Sol.

Dimanche et lundi de 12h à 16h, du mardi au samedi de 12h à 23h. De 15 € à 25 € le plat et 40 € pour un repas complet.

L'un des restaurants les plus connus de la ville, où même l'ancien roi Juan Carlos s'est rendu. La cuisine propose les grands classiques de la cuisine locale : *callos*, *pepitoria de gallina* (dinde aux amandes et au safran)... Aux murs, des photos d'artistes, hommes politiques et écrivains qui se sont tous un jour attablés au Ciriaco. Attention, fermé en août.

MALACATÍN

Calle Ruda, 5 ✆ +34 91 365 52 41
www.malacatin.com
reservas@malacatin.com
M° Latina.

Dimanche à mardi de 11h à 18h et du mercredi au samedi de 11h à 23h. De 16 à 23 € le plat. Réservation conseillée.

En 1895, le fondateur de ce restaurant, Julian Diaz, inaugura son affaire accompagné de ses 12 enfants, dont 10 étaient des filles ! Cet événement fonda la réputation de cette taverne, connue pour son nombre non négligeable « de femmes » depuis maintenant quatre générations. Au programme, délicieuse cuisine madrilène à déguster dans le cadre typique de l'un des douze restaurants centenaires emblématiques de Madrid.

TABERNA ANTONIO SÁNCHEZ

Calle Mesón de Paredes, 13
✆ +34 915 397 826
www.tabernaantoniosanchez.com
taberna.antonio.sanchez@gmail.com
M° Tirso de Molina.

Ouvert du lundi au samedi de 12h à minuit. De 11,50 € à 20 € le plat.

Voilà la plus ancienne taverne de la ville qui n'a pas retouché sa décoration. Tonneaux, vieilles affiches de corrida, lampes à gaz, tout y est. Et depuis 1786, on se régale des grands classiques de la cuisine castillane.

LA TORRE DEL ORO

Plaza Mayor, 26 ✆ +34 913 665 016
M° Sol.

Ouvert tous les jours de 12h à minuit. Compter entre 20 € et 25 €.

L'une des bonnes adresses de la Plaza Mayor pour se régaler des grands classiques de la cuisine espagnole sur l'agréable terrasse ou accoudé au bar de la toute petite salle dans une ambiance taurine.

EL VIAJERO

Plaza Cebada, 11
✆ +34 913 669 060
www.elviajeromadrid.com
M° La Latina.

Mercredi et jeudi 11h30-1h30, vendredi 11h30-2h, samedi 11h-2h et dimanche 11h-0h30. De 11 € et 22 € le plat.

Établi sur trois étages, le bar restaurant cultive un style bohème et *arty*. Le 1er étage est réservé au restaurant, le 2e au bar et le dernier est une terrasse. On peut y venir de jour, comme de nuit. On mange à la carte (l'entrecôte et les burgers sont excellents), ou on grignote des bonnes tapas.

LE PLUS VIEUX RESTAURANT DU MONDE

Si certaines adresses se renouvellent chaque année ou tiennent moins longtemps qu'une saison de haute couture, d'autres en revanche sont indémodables et traversent le temps sans prendre une ride. On vous a ainsi dégoté le plus vieux restaurant du monde !

BOTÍN

Calle Cuchilleros, 17
✆ +34 913 664 217
www.botin.es
botin@botin.es
M° Sol.

Ouvert tous les jours de 13h à 16h et de 20h à 23h30. Compter de 19 € à 28 € le plat.

D'après le *Guinness Book*, Botín est le plus vieux restaurant du monde, ouvert sans interruption depuis 1725 ! Quartier général des intellectuels au début du XXe siècle, c'est aujourd'hui un établissement gastronomique, où l'on peut notamment déguster du cochon de lait.
A déguster sous les pierres apparentes et à côté de l'authentique four à bois du XVIIIe siècle.

LUXE

CASA LUCIO

Calle Cava Baja, 35
✆ +34 913 653 252
www.casalucio.es
info@casalucio.es
M° La Latina.
Tous les jours de 13h à 16h et de 20h30 à minuit. Fermé en août. Réservation obligatoire le soir. 20 € à 30 € le plat.
Bienvenue chez Lucio Blázquez ! Cette excellente adresse, décorée comme une auberge du XIXe siècle, attire le tout Madrid. Les politiques, les toréros côtoient quelques peoples et on y a même aperçu l'ancien roi Juan Carlos ou les stars hollywoodiennes Will Smith, Tommy Lee Jones ou Eva Longoria. Du beau monde venu goûter des plats traditionnels, comme le *cocido madrileño*, ou des tripes à la madrilène.

LA POSADA DE LA VILLA

Calle Cava Baja, 9
✆ +34 913 661 860
www.posadadelavilla.es
reservas@posadadelavilla.com
M° La Latina.
Du lundi au samedi de 13h à 16h et de 20h à minuit, le dimanche de 13h à 16h. Compter de 21,50 € et 31,50 € le plat.
Un lieu idéal pour découvrir la cuisine madrilène car tout y est : le bâtiment du XVIIe siècle et le décor ! Il est d'ailleurs conseillé de s'habiller en conséquence. Au bar, il faut goûter les délicieuses tapas et *raciones* avec au choix : escargots, crevettes, maquereaux au vinaigre, et les *torreznillos*, des petits bouts de peau de porc frits. Au second étage, on s'installe dans une salle mansardée avec poutres apparentes pour déguster le *cocido*. En revanche, la note monte vite.

SHOPPING

Dans le quartier, entre les métro Lavapiés et Antón Martin notamment, on trouve de nombreux vendeurs de jambons, fromages, chorizos, et autres mets typiquement espagnols.

CASA HERNANZ

Calle Toledo, 18
✆ +34 913 665 450
www.casahernanz.es
casahernanz@hotmail.com
M° Sol.
Ouvert du lundi au vendredi de 9h à 13h30 et de 16h30 à 20h et le samedi de 10h à 14h. Compter de 7 € à 74 € la paire.
Pour trouver espadrille à son pied (*alpargatas*), il faut se rendre à la Casa Hernanz qui les fait aussi sur mesure depuis 1845. Attention, il y a souvent la queue (la boutique vend plus de 100 000 paires par an), mais l'originalité de ces espadrilles vaut le détour !

EL FLAMENCO VIVE

Calle Conde de Lemos, 7
✆ +34 915 473 917
www.elflamencovive.es
elflamencovive@elflamencovive.es
M° Opera.
Ouvert du lundi au vendredi de 10h à 14h et de 17h à 20h30 et le samedi de 10h à 14h.
Les passionnés de musique flamenco trouvent ici leur bonheur : disques, guitares, livres, DVD et quelques vêtements traditionnels. Les amateurs de guitare seront aussi comblés en découvrant des pièces de grande qualité fabriquées, entre autres, par le luthier Ricardo Sanchis Carpio.

Casa Hernanz.

GUITARRAS JOSE RAMIREZ
Calle Paz, 8
✆ +34 915 314 229
www.guitarrasramirez.com
tienda@guitarrasramirez.com
M° Sol.
Ouvert du lundi au vendredi de 10h à 14h et de 16h30 à 20h et le samedi de 10h30 à 14h.
C'est l'une des plus anciennes fabriques familiales de guitares espagnoles de Madrid et une référence. La famille Ramirez s'y consacre depuis 1882 et les guitares Ramirez sont certainement la marque espagnole la plus renommée du monde pour le flamenco. Pour cause, c'est le fondateur José Ramírez qui a inventé la fameuse « guitarra de tablao ».

BON PLAN

Quand on n'est pas gêné par le fait de porter un habit de la collection précédente ou qu'on a simplement envie de dénicher un petit basique à mettre et à remettre à bas prix, c'est ici qu'il faut se rendre avec des prix dégriffés toute l'année.

LEFTIES
Calle Carretas, 10
www.lefties.com
M° Sol.
Ouvert du lundi au samedi de 10h à 22h et le dimanche de 11h à 20h.
Les fins de série de Zara avec des réductions de 10 à 60 % toute l'année.

Autre adresse : Calle López de Hoyos, 93 - Calle Alcalá, 365

LIBRERÍA SAN GINÉS
Pasadizo de San Ginés, 2
✆ +34 913 664 686
M° Sol et Opera.
Ouvert tous les jours de 10h à 20h30.
On passe devant cette librairie dès que l'on visite les alentours de la plaza Mayor et de l'Opéra. Elle partage l'un de ses murs avec l'église San Ginés. On y trouve des livres anciens et d'occasion, exposés jusque dans la rue.

MARCHÉ DE ANTÓN MARTÍN
Calle Santa Isabel, 5
www.mercadoantonmartin.com
info@mercadoantonmartin.com
M° Antón Martín.
Du lundi au vendredi de 9h à 21h (23h30 pour les stands traiteurs) et le samedi de 9h à 15h (23h30 pour les stands).
Marché traditionnel dédié aux produits frais. Idéal pour rapporter quelques délices typiques. Mais à Antón Martín, on peut aussi manger sur le pouce en s'arrêtant dans les stands qui proposent des spécialités du monde entier : espagnoles, mais aussi italiennes, japonaises, colombiennes, mexicaines, etc.

EL RASTRO ★★
Voir page 14.

SORTIR

Autour de la plaza Mayor, l'ambiance est plus réservée en début de soirée où l'on boit quelques verres avec des tapas. Quelques cafés majestueux constituent une halte idéale dans une journée de visite. Pour profiter des nuits de La Latina : plaza de la Cebada et plaza de la Paja, où se concentrent plein de bars. Pour découvrir celles de Lavapiés, il faut arpenter les rues Atocha, Argumosa, Lavapies, la Ronda de Valencia, Embajadores et La Magdalena.

CAFÉS – BARS

AGUARDIENTE
Calle de La Fe, 1
✆ +34 915 397 871
www.elaguardiente.es
M° Lavapiés.
Ouvert du lundi au jeudi de 19h à 2h du matin, vendredi et samedi de 16h à 2h30 et le dimanche de 16h à minuit.
Après un verre ou deux en début de soirée, Aguardiente peut vite se transformer en un repaire pour noctambules qui ne veulent pas rentrer chez eux.

BAR AUTOMÁTICO
Calle Argumosa, 17
✆ +34 915 309 921
M° Lavapiés.
Ouvert du lundi au vendredi de 18h à 1h30 du matin.
L'un des plus anciens bars du quartier à la décoration des années 1960, avec son ambiance rétro et ses murs aux couleurs pastel, où l'on se régale de quelques tapas vraiment pas chères. A voir : la décoration des toilettes, surprenante !

BERLÍN CABARET
Costanilla de San Pedro, 11
✆ +34 913 662 034
www.berlincabaret.com
berlincabaretjminfante@yahoo.com
M° La Latina ou Ópera.
Ouvert du mardi au samedi de 23h à 5h. Programmation sur le site Internet.
L'ambiance un peu secrète et clandestine des cabarets berlinois des années

1930 revit tous les soirs de semaine dans ce lieu très réputé. Le week-end, on vient pour boire un très bon cocktail et pour danser. A visiter au moins une fois.

EL BONANNO

Plaza del Humilladero, 4
✆ +34 913 666 886
www.elbonanno.com
M° La Latina.
Ouvert tous les jours de 12h à 2h du matin et le vendredi et le samedi de 12h à 2h30 du matin.
Un bar plein à craquer dès la sortie du bureau. Pour savourer la vie madrilène, c'est le dimanche qu'il faut y faire un tour, après ou pendant la visite du Rastro. Si vous trouvez une place !

CAFE DEL NUNCIO

Calle de Segovia, 9
✆ +34 914 384 131
www.cafedelnuncio.com
hola@cafedelnuncio.es
M° La Latina.
Ouvert du lundi au jeudi de 13h à 1h du matin, vendredi et samedi de 13h à 2h du matin et le dimanche de 13h à 22h.
Une excellente adresse pour prendre un café et se détendre, surtout au printemps et en été, quand les tables occupent le petit escalier qui remonte vers La Latina et qui fait office de terrasse. Goûtez l'*irish coffee* !

EL ANCIANO REY DE LOS VINOS

Calle de Bailén, 19
✆ +34 915 595 332
elancianoreydelosvinos.es
info@elancianoreydelosvinos.es
M° Opera.
Du mercredi au lundi de 10h à minuit.
Cette taverne historique est une adresse authentique pour boire un vermouth (et de bons tapas) avec des locaux depuis plus d'un siècle. Juste en face du Palais Royal, on peut aussi se poser en terrasse pour profiter du soleil.

EL EUCALIPTO

Calle de Argumosa, 4
✆ +34 915 272 763
M° Lavapiés.
Ouvert du lundi au mercredi de 16h à 1h du matin, du jeudi au samedi de 17h à 2h et le dimanche de 15h à minuit.
Bar tenu et fréquenté majoritairement par des Cubains, très connu pour son choix de cocktails maison à base de fruits frais, avec ou sans alcool. Les *mojitos* et les gigantesques *daïquiris* sont à tomber.

LA PLAYA DE LAVAPIÈS

Calle Argumosa, 9
✆ +34 911 429 603
M° Atocha ou Antón Martin.
Ouvert du lundi au jeudi de 18h à 1h du matin, le vendredi de 18h à 2h, le samedi de 13h à 2h et le dimanche de 13h à 1h.
Si Madrid n'a pas la mer, Lavapiès a sa plage ! Ce petit café typique du quartier propose quelques tables, des parasols et une déco sympa pour aller boire un cocktail en dégustant une assiette de tapas en fin de journée. L'accueil est charmant et le bar souvent bondé. Une bonne adresse !

TABERNA LA AGUJA

Calle Ave María, 25
✆ +34 915 277 950
M° Lavapiés.
Ouvert tous les jours de 19h30 à 2h du matin.
Des *tostas* et de la bonne musique. Voilà ce que disent les Madrilènes de ce repaire du rock des années 1970 et actuel.

CLUBS ET DISCOTHÈQUES

EL JUGLAR

Calle Lavapiés, 37
✆ +34 915 284 381
www.salajuglar.com
M° Lavapiés ou Tirso de Molina.
Mercredi, jeudi et dimanche de 21h à 3h du matin, vendredi et samedi de 21h à 3h30. Entre 5 € et 15 € avec une conso.
El Juglar est une valeur sûre pour prendre un verre et danser, dans la salle du fond, au rythme des DJ jusqu'à 3h30. On y écoute beaucoup de funk, ska et reggae dans le plus pur style du quartier. Et la programmation s'ouvre régulièrement aux artistes avant-gardistes de la musique ethnique.

MARULA CAFE

Calle Caños Viejos, 3
✆ +34 913 661 596
www.marulacafe.com
eventos@marulacafe.com
M° La Latina.
Ouvert de 23h à 5h, vendredi et samedi jusqu'à 6h. Programmation sur le site Internet.
Sous le pont de Segovia, sa situation est unique ! Ce bar est connu pour ses *jam sessions* de black music, soul et funk. Concerts tous les jours. Une excellente adresse et un incontournable de La Latina depuis des décennies.

SPECTACLES

CORRAL DE LA MORERÍA

Calle Morería, 17 ✆ +34 913 658 446
www.corraldelamoreria.com
info@corraldelamoreria.com
M° La Latina.
Ouvert à partir de 18h (programmation sur le site Internet). Compter 47,95 € pour le spectacle avec un verre.
Considéré comme « la cathédrale de l'art du flamenco » en Espagne, ce *tablao* propose des spectacles de cinq danseuses, accompagnées par deux guitaristes et deux chanteurs. Il ne faut pas manquer de goûter la spécialité de la maison : un délicieux gazpacho andalou.

FILMOTECA ESPAÑOLA – CINE DORÉ

Calle Santa Isabel, 3
✆ +34 913 691 125
M° Antón Martín.
Ouvert du mardi au dimanche. Vente de tickets de 16h à 22h45.
Des films de toutes les nationalités, en V. O., d'hier et d'aujourd'hui. L'endroit rêvé des cinéphiles ! Dans le local de la Filmothèque, vous avez également un accès à la librairie et au bar-restaurant.

GRUTA 77

Calle Cuclillo, 6
✆ +34 914 712 370
www.gruta77.com
oficina@gruta77.com
M° Oporto.
Concert gratuit et de 6 à 18 €.
Pour les férus seulement du pur rock'n roll, Gruta 77 est le gardien du temple. Toute l'année, un éternel festival de groupes rock, hard rock, punk, ska.

TEATRO CIRCO PRICE

Ronda de Atocha, 35
✆ +34 913 184 700
www.teatrocircoprice.es
info@teatrocircoprice.es
M° Embajadores ou Lavapiés.
Le Circo Price accueille toute l'année les meilleures compagnies de cirque du monde. Super avec les enfants ! Le théâtre organise également des concerts, des expos...

LE FLAMENCO POUR LES TOURISTES

Faut-il rappeler que le flamenco vient d'Andalousie et que Madrid ne fait pas partie de cette région ? Venir à Madrid pour absolument voir du flamenco, c'est comme venir à Madrid pour manger une paella : il faut bien choisir où l'on va. Si le flamenco à Madrid peut être de qualité (mais pas toujours), il est surtout présent pour une clientèle de non-initiés : les touristes. Les dîners-spectacles, *tablaos*, sont souvent chers, et le repas n'a que peu d'intérêt. Bref, le mieux pour assister à un spectacle authentique est d'aller au théâtre de Madrid ou de venir lors des festivals. Pour cela, regarder dans *La Guía del Ocio* pour savoir où vous pouvez les voir pendant votre séjour. Sinon, rendez-vous dans les bars de Huertas ou la Latina, où un chanteur-guitariste vous fera partager sa douleur et ses angoisses dans une ambiance *castiza*.

TEATRO DEL BARRIO (SALA TRIÁNGULO)
Calle de Zurita, 20
✆ +34 910 843 692
www.teatrodelbarrio.com
info@teatrodelbarrio.com
M° Lavapiés.
Billetterie ouverte lundi de 19h à 20h, du mercredi au samedi de 19h à 20h et de 21h à 22h et le dimanche de 17h à 18h.
Pas mal de mouvement dans cette salle, avec du théâtre de tous les styles, dans l'après-midi et en soirée. Le théâtre donne aux jeunes créateurs la possibilité de présenter leurs œuvres. Les pièces abordent de façon frontale et assez provocatrice des thèmes problématiques contemporains : la vie quotidienne, le sexe, le couple...

TEATRO REAL
Plaza de Oriente ✆ +34 915 160 660
www.teatroreal.es
M° Opera.
Compter de 6 à 250 € suivant le spectacle et la localisation de la place.
Le Teatro Real est en fait l'opéra de Madrid. La programmation est superbe, l'ambiance très chic, les salons et le restaurant somptueux. Pourquoi ne pas profiter des prix, bien plus modestes qu'en France, pour s'initier à l'opéra ?

SALLES ALTERNATIVES DE LAVAPIÉS ET MALASAÑA

Les salles alternatives suivantes offrent une programmation en théâtre et danse très originale. Les spectacles coûtent autour de 12 €.

SALA CUARTA PARED
Calle Ercilla, 17
✆ +34 915 172 317 – www.cuartapared.es
cuartapared@cuartapared.es
M° Embajadores.
Spectacles de 9 à 15 €.
Programmation de théâtre et danse. Spectacles alternatifs et de qualité.

TEATRO ALFIL
Calle Pez, 10
✆ +34 915 215 827 – https://teatroalfil.es
Spectacles de 10 à 15 €.
Ici, on propose principalement des one-man shows et des pièces de théâtre.

TEATRO PRADILLO
Calle Pradillo, 12
✆ +34 914 169 011 – teatropradillo.com
info@teatropradillo.com
M° Concha Espina.
Cette salle de 120 places fait le plein depuis trois décennies.

HUERTAS ET PASEO DEL PRADO

Parc du Retiro, poumon vert de Madrid.

IMMANQUABLE DANS CE QUARTIER

- **Passer des heures dans les trois célèbres musées du Paseo del Arte.**
- **Déambuler dans le parc du Retiro le dimanche et faire un peu de barque sur l'étang.**
- **Jeter un œil au jardin tropical de la gare d'Atocha.**
- **Admirer la sublime plaza de Cibeles et sa fontaine.**

vers Plaza de España
Gran Vía
C. del Clavel
Calle de las Infantas
Calle de la Reina
C. del Caballero de Gracia
Calle del Barquillo
Banco de España
Calle de Alcalá
P. de Recoletos
C. de S. Olozaga
Casa de América et palacio de Linares
Plaza de Independen
Puerta de Alcalá
Plaza de Cibeles
Palais des Télécommunications
Calle de Valenzuela
Real Academia de Bellas Artes de S. Fernando
Sevilla
C. de Cedaceros
Calle del Marqués de Cubas
Paseo del Prado
Calle de Montalbán
Calle de Alfonso XII
C. de Sevilla
Calle de los Madrazo
Teatro de la Zarzuela
Musée naval
Calle de J. de Mena
Calle de Alfonso XI
Musée national des arts décoratifs
Plaza de Canalejas
Carrera de San Jerónimo
Calle de Zorrilla
Musée Thyssen-Bornemisza
Plaza de Lealtad
Calle de A. Maura
Calle de Ruiz de Alarcón
Calle Méndez
Museo del Núñez Ejército
CORTES
Calle del Príncipe
Calle de Echegaray
Calle del Prado
Plaza de Cánovas del Castillo
Calle de Felipe IV
Casa museo Lope de La Vega
Calle de S. Agustín
Calle del Duque de Medinaceli
Calle de Cervantes
C. de la Academia
C. de Moreto
Couvent de Las Trinitarias
Calle de las Huertas
Calle de Lope de Vega
Iglesia-Basilica de Nuestro Padre Jesus de la Medinacelli
Eglise de San Jerónimo el Real
C. de Casado del Alisal
Musée du Prado
C. de Alberto Bosch
Eglise San Sebastián
C. de León
Calle de Santa María
Calle de Atocha
vers Plaza Mayor
Antón Martín
C. de la Magdalena
Calle de Moratín
C. de los Desamparados
Calle de Espalter
Plaza de Murillo
Les Fuentecillas
Calle del Olmo
Calle de Santa Isabel
Calle del Gobernador
La Fábrica
Caixa Forum
Calle de Almadén
Calle de la Alameda
Jardin botanique
C. de los Tres Peces
Calle del Ave María
Calle de Zurita
Calle Salitre
Santa Isabel
Calle de Cl. Moyano
Plaza del Angel Caído
Atocha
Plaza del Emperador Carlos V
Paseo de la Infanta Isabel
C. del Dr.
Musée national d'Anthropo-logie
Av. de la Ciudad de Barcelona
Calle del Doctor Fourquet
Centro de Arte Reina Sofía
Ronda de Atocha
Paseo de Sta. María de la Cab.
Paseo de las Delicias
Calle de Méndez Álvaro
Atocha Renfe
Gare d'Atocha
vers Glorieta de Embajadores
Calle de Murcia
Musée
Curiosité
Edifice religieux
information
Station de métro

HUERTAS ET PASEO DEL PRADO
Retiro
Calle de Alcalá
Paseo del Maestro Villa
Plaza de Galicia
Av. de Méjico
Plaza de Nicaragua
P. del Estanque
Paseo de Colombia
Casa de Vacas
PARQUE DEL RETIRO
Paseo del Duque Fernán Núñez
Avenida de Menéndez Pelayo
Vers Recoletos
vers Parque de Roma
Calle del Doctor Castelo
Calle de Menorca
Calle de Lope de Rueda
Narváez
Calle de Ibiza
Calle de Ibiza
Calle de Fernán González
Santisimo Sacramento
IBIZA
Calle de
Calle del Alcalde Sáinz de Baranda
C. del Doce de Octubre
Plaza de Panamá
Paseo de Guatemala
Paseo Salón del Estanque
Estanque
Monumento Alfonso XII
Paseo de Venezuela
Paseo del Paraguay
Palacio de Velázquez
Av. de Cuba
Jardines de Cecilio Rodriguez
Palais de Cristal
Calle de Pio Baroja
Anunciación
C. de la
PARQUE DEL RETIRO
Paseo de Uruguay
Glorieta del Ángel Caído
La Rosaleada
Paseo del Duque Fernán Núñez
C. Ant. Bienvenida
Calle de Amado Nervo
Calle de los Reyes Magos
Calle del Conde de Cartagena
C. de J. Rey Pastor
RETIRO
Observatorio Astronómico
Calle del Poeta Esteban de Villegas
Calle de J. Valera
Querol
C. de Agustin
Gutenberg
C. de A. Torrejón
Plaza de Mariano de Cavia
Avenida del Mediterráneo
vers Faunia
C. de Cavanilles
Paseo de la Reina Cristina
Calle de Fuenterrabia
Calle de
C. de Valderribas
vers parque del Cerro del Tío Pio
La fabrique Royale de tapis
0
250 m

HUERTAS ET PASEO DEL PRADO

Huertas, c'est le quartier des arts (*barrio de las letras*), le quartier qui est incontestablement lié au Siècle d'or qui n'est autre qu'un élan d'épanouissement culturel, artistique, économique et politique de Madrid.
Les génies de la littérature comme Góngora, Tirso de Molina, Calderón de la Barca ou Lope de Vega ont fait de Huertas leur lieu de résidence aux XVIe et XVIIe siècles. La rue Huertas est piétonne et très animée.
Entre El Rastro, le paseo del Prado et Sol, le quartier de Huertas englobe notamment la plaza Santa Ana, où débouchent non seulement la calle Huertas mais aussi la calle Prado. Cette place, où l'on trouve beaucoup de bars, de théâtres, de restaurants et de pubs, est le centre du quartier. On le connaît surtout sous le nom de *Las Letras,* car beaucoup d'écrivains y ont vécu ou, comme Cervantès, y ont fini leurs jours et où Lope de Vega est enterré. Soyez attentif aux inscriptions sur le sol et les plaques sur les immeubles. La proximité du paseo del Arte et des musées en fait une zone dédiée à la culture où de nombreuses galeries ouvrent sans cesse. En journée, on peut y admirer de la peinture et des photographies ou rentrer chez des antiquaires. La nuit, tout le monde se croise ici, bien que ce soit le quartier de Madrid où règnent les touristes. Pour séjourner, Huertas est un quartier pratique, mais comme la vie nocturne bat son plein, il peut être difficile d'y dormir. Une bonne alternative est de privilégier les établissements dans les rues adjacentes à la calle Huertas où de très beaux hôtels design sont à portée de main.

MADRID, VILLE VERTE

En plus des deux parcs, véritables poumons verts (le Retiro et la Casa de Campo) et des nombreux jardins (El Capricho, jardin botanique, les nouveaux espaces verts du Madrid Río...), Madrid est la capitale européenne la plus arborée ! Avec près de 250 000 arbres, elle est même la deuxième ville du monde en nombre d'arbres, après Tokyo ! Elle offre alors 16 m² d'espace vert par habitant, soit plus de 250 000 ha en tout, avec près de 8 % de sa superficie occupée par des arbres. Les visiteurs, comme les habitants, jouissent donc d'espaces verts propices à la détente, loin de l'agitation de la rue.

Le paseo del Prado débute à la station de Atocha, la célèbre gare. Même si vous ne quittez pas Madrid, rejoignez la gare d'Atocha pour son jardin tropical que l'on préfère en hiver. Mais le paseo del Prado, c'est le quartier des musées incontournables de Madrid. Il englobe la longue avenue composée du paseo del Prado, du paseo de Recoletos qui s'arrête à la plaza Colón, où commence le paseo de La Castellana. Sur 2 km à peine de cette même avenue, se trouvent les trois grands musées de Madrid, à quelques minutes à pied les uns des autres : le Prado, le Reina Sofía et le Thyssen-Bornemisza. Quand on n'a guère de temps, il est difficile de choisir l'un ou l'autre, mais tous se complètent. D'un point de vue architectural, la caixaforum est à voir pour la réhabilitation d'usine électrique, mais également pour ses expositions de qualité. Avec ses places, Neptune, Cibeles et Colón, ses fontaines et ses palais, le paseo vaut la peine de s'y attarder pour l'histoire et ses chefs-d'œuvre.

A ses côtés, élégant et royal, le parc du Retiro où l'unique statue au monde consacrée au diable est à voir. Si l'on aime les livres, il faut venir déambuler dans les petites allées du marché aux livres anciens et d'occasion où l'on trouve toujours quelque chose. Les palais, les fontaines et statues font de ce parc historique et artistique un chef-d'œuvre. On aime déambuler dans ses avenues le dimanche quand tous les Madrilènes s'y promènent et pourquoi ne pas faire un peu de barque sur l'étang central. Il faut également contempler les édifices bordant la plaza de Cibeles et sa fontaine. La nuit, l'éclairage est

Gare d'Atocha, café et jardin d'hiver.

somptueux. Les soirs de grandes victoires du Real Madrid, c'est là qu'il faut venir rencontrer les supporters en fête. Ce quartier est plutôt pas mal pour séjourner si l'on privilégie la vie culturelle.

Accès. Côté transport, Huertas et le paseo del Prado sont à quelques minutes à pied de Puerta del Sol, plaza Mayor ou Chueca. Ce sont donc des quartiers très pratiques. Les stations de métro sont : Banco de España, Atocha, Antón Martín ou Retiro.

VISITER

Les amateurs d'art ne seront pas déçus : Madrid possède des musées uniques, comme le Prado et le Reina Sofía, dont la visite est quasiment inévitable.

© HANS C. SCHRODTER – SHUTTERSTOCK.COM

Banco de España.

BANCO DE ESPAÑA ★★

Calle de Alcalá, 50

M° Banco de España.

La banque de España est construite entre 1882 et 1891 par Eduardo Adaro et Severiano Sainz de la Lastra. Elle est le symbole de l'architecture éclectique espagnole visible sur sa façade massive. La Banque d'Espagne abriterait les réserves d'or du pays... Le bâtiment a reçu le prix d'architecture à l'Exposition des beaux-arts de 1884.

CAIXAFORUM ★

Paseo del Prado, 36

✆ +34 913 307 300

M° Banco de España, Atocha.

Ouvert tous les jours de 10h à 20h. Entrée libre, mais 6 € pour les expositions temporaires.

Construit dans une ancienne centrale électrique, dont une partie a été conservée, ce centre culturel vaut le coup d'œil pour son architecture avant-gardiste, son jardin vertical et ses expositions. Art ancien, art moderne ou art contemporain, festivals de musique ou performances multimédias, il y en a pour tous les goûts !

CENTRO DE ARTE REINA SOFIA ★★★

Calle de Santa Isabel, 52

✆ +34 917 741 000

Voir page 10.

CÍRCULO DE BELLAS ARTES ★

Casa Europa

Calle Alcala, 42

✆ +34 913 605 400

www.circulobellasartes.com

info@circulobellasartes.com

M° Banco de España ou Sevilla.

Exposition du mardi au dimanche de 11h à 14h et 17h à 21h. Rooftop, du lundi au dimanche de 9h à 2h30. Entrée générale + rooftop : 5 €. Pour les groupes de plus de 10 personnes : 4 €.

Créée en 1880 par l'architecte Antonio Palacios. El Círculo est l'un des centres culturels les plus importants du pays.

Outre les salles d'expositions, des pièces de théâtre inédites traitant de sujets contemporains sont programmées, ainsi que des cycles cinématographiques, des concerts, des conférences et des ateliers.

ÉGLISE DE SAN SEBASTIÁN ★

Calle Atocha, 39
M° Tirso de Molina ou Antón Martín.
Avant d'entrer, sur le mur de droite, la liste des baptêmes, mariages, et enterrements d'illustres Espagnols témoignent de l'importance du quartier. A l'intérieur, on verra la tombe de Lope de Vega et à sa droite, la chapelle de Notre-Dame de Belem, patronne des architectes de Madrid.

LA FÁBRICA ★

Calle de la Alameda, 9
✆ +34 913 601 325
www.lafabrica.com
info@lafabrica.com
Ouvert du lundi au samedi de 11h à 21h et le dimanche de 11h à 17h. Entrée gratuite.

© PHILIPPE GUERSAN – AUTHOR'S IMAGE

Caixa Forum, un centre culturel à l'architecture avant-gardiste.

La Fábrica, une institution culturelle privée, accueille toute l'année des expositions de photographie et d'art vidéo de qualité.

© VIVVI SMAK – SHUTTERSTOCK.COM

Église de San Sebastián.

Fontaine d'Apollon.

FONTAINE D'APOLLON ★

Paseo del Prado

Cette statue est l'une des plus belles œuvres classiques du royaume. Apollon, le dieu des arts, porte une lyre et est accompagné de sculptures représentant les quatre saisons, puisqu'il est également le dieu du Soleil. La statue est commandée en 1781. Carlos IV désire inaugurer le monument pour le mariage du prince des Asturies (futur roi Fernando VII). La fontaine est achevée en 1802.

Fontaine de Cibeles.

FONTAINE DE CIBELES ★★

Plaza de Cibeles

M° Banco de España.

Au cœur de la plaza trône la statue de Cibeles, fille mythologique du Ciel et de la Terre, déesse de la fécondité, sur un char tiré par deux lions. Elle fut réalisée par Ventura Rodríguez, sur demande du roi Charles III. A la fin du XIXe siècle, on lui a ajouté des amours qui versent de l'eau à ses pieds dans le bassin. C'est là que se retrouvent les supporters du Real Madrid exaltés après chaque victoire de leur équipe.

FONTAINE DE NEPTUNE ★★

Plaza de Cánovas del Castillo

M° Banco de España.

La grande place de Cánovas del Castillo est plus connue sous le nom de sa fontaine de Neptune. Le dieu latin des mers, dessiné par Ventura Rodríguez en 1780, brandit un trident, monté sur un char tiré par des chevaux marins.

LES FUENTECILLAS

Face à la Plaza de Murillo
Paseo del Prado
M° Atocha.
Les quatre fontaines du Prado sont ici surnommées *Fuentecillas (*Petites Fontaines). Elles sont l'œuvre de Ventura Rodríguez et datent de 1781. Elles représentent des dauphins jouant avec des enfants tritons. Leur seule différence est dans la position des tritons. De grandes fêtes comme le carnaval ou San Pedro rassemblent tout le monde autour d'elles.

GARE D'ATOCHA ★★

Glorieta Carlos V
Voir page 16.

IKONO

Calle de Sánchez Bustillo, 7
✆ +34 680 706 367
https://ikono.global
hola@ikonomadrid.com
M° Estación Del Arte.
Ouvert du dimanche au jeudi de 10h à 20h15, vendredi et samedi de 10h à 21h. Compter 15 € l'entrée.
Voilà LE musée instagrammable de Madrid ! Située juste en face du Musée Reina Sofia, la galerie d'art interactive de 600 m² Ikono propose à ses visiteurs une véritable expérience qui met en éveil les sens de chacun.

JARDIN BOTANIQUE ★★

Plaza de Murillo, 2
✆ +34 914 200 438
www.rjb.csic.es – inforjb@rjb.csis.es
M° Atocha. Face à l'entrée Murillo du musée du Prado.
Tous les jours de 10h jusqu'à 18h (nov-fév), à 19h (mars, oct), à 20h (avr, sept) ou à 21h (de mai à août).
Le Jardin botanique royal est l'un des plus importants d'Europe. Il a été le premier à recevoir des exemplaires de flore américaine. Des serres présentent aussi des espèces végétales d'autres climats (désertique, tropical).

© STÉPHAN SZEREMETA

Fontaine de Neptune, Plaza Cánovas de Castillo.

MANUFACTURE ROYALE DES TAPISSERIES ★★

Calle Fuenterrabía, 2
✆ +34 914 340 550
www.realfabricadetapices.com
informacion@realfabricadetapices.com
M° Menéndez Pelayo.
Lundi au vendredi 10h à 14h, visites guidées à 10h, 11h, 12h, 13h. Mardi, mercredi, jeudi, visites guidées à 16h et 17h. 5 €.
Depuis 1771, c'est ici, au cœur du Paseo del Arte, que sont fabriqués artisanalement les tapis, tentures et tapisseries qui ornent les résidences de la Couronne et les palais du monde entier.

MUSÉE DU PRADO ★★★★

Paseo del Prado ✆ +34 902 107 077
Voir page 9.

MUSÉE NATIONAL D'ANTHROPOLOGIE ★

Avenida Alfonso XII, 68
✆ +34 915 306 418
http://mnantropologia.mcu.es
M° Atocha Renfe.
Ouvert du mardi au samedi de 9h30 à 20h, dimanche et jours fériés de 10h à 15h. Entrée : 3 € ; tarif réduit : 1,50 €.
En dehors des expositions temporaires sur un thème précis, on trouve des salles permanentes qui présentent la culture de différents peuples. La salle consacrée aux Philippines est particulièrement riche. A ne pas louper !

MUSÉE NATIONAL DES ARTS DÉCORATIFS ★★

Calle Montalbán, 12
✆ +34 915 326 499
http://mnartesdecorativas.mcu.es
M° Banco de España.
Du mardi au samedi de 9h30 à 15h (jeudi nocturne gratuite de 17h à 20h, sauf juil-août), dim de 10h à 15h. Entrée : 3 €.
Le génie espagnol pour le design est célébré dans le manoir ducal du XIXe siècle. Soixante salles d'exposition sur cinq étages montrent des collections fantastiques de la Renaissance jusqu'au début du XIXe siècle. Surtout, ne passez pas à côté de l'attraction du musée : la cuisine valencienne du XVIIIe siècle, qui fut transférée pièce par pièce d'un palais et dont les murs sont couverts de carreaux peints très colorés représentant des lapins, des poules, des tresses d'ail...

© PHILIPPE GUERSAN – AUTHOR'S IMAGE

Palais de cristal (Palacio de Cristal) dans le parc du Retiro.

MUSÉE NATIONAL THYSSEN-BORNEMISZA ★★★

Paseo del Prado, 8
✆ +34 914 203 944
Voir page 11.

PALACIO DE CRISTAL ★★

Dans le Retiro
Paseo Duque de Fernán Núñez
✆ +34 915 746 614
M° Ibiza.
D'avril à septembre, ouvert tous les jours de 10h à 22h ; en octobre de 10h à 19h ; sinon de 10h à 18h. Entrée libre.
Ce palais, conçu par Ricardo Velázquez Bosco, qui réalisa le palais Velázquez, servit de serres lors de l'exposition sur les Philippines en 1887. Le palais de Cristal est considéré comme l'un des meilleurs exemples d'union entre le fer et le verre du pays. Il s'inspire du Cristal Palace réalisé à Londres en 1851 par Joseph Paxlon. Aujourd'hui, il présente des expositions en partenariat avec le musée Reina Sofía.

PALACIO DE VELÁZQUEZ ★★

Dans le Retiro, Paseo de Venezuela
✆ +34 915 736 245
M° Ibiza.
D'avril à septembre, ouvert tous les jours de 10h à 22h ; en octobre de 10h à 19h ; sinon de 10h à 18h. Entrée libre.
Le bâtiment se structure en trois corps rectangulaires réunis autour

Palacio de Velázquez.

d'une galerie centrale qui se présente comme un portique d'entrée précédé de marches en marbre. Tous les nouveaux matériaux de construction du XIXe siècle figurent dans cet édifice : granit, brique, céramique, fer, zinc et cristal. Le 30 mai 1883 a lieu l'inauguration de ce palais. Aujourd'hui, il accueille des expositions temporaires du Reina Sofía.

PALAIS DES TELECOMMUNICATIONS ★★

Plaza de Cibeles

M° Banco de España.

Le monumental palais des Télécommunications construit au XIXe siècle, abrite aujourd'hui l'Hôtel de Ville. Les Madrilènes l'ont baptisé avec ironie « Notre-Dame des Communications » car elle ressemble beaucoup à une église.

PARC DU RETIRO ★★★

Plaza de la Independencia, 7

Voir page 13.

PLAZA DE LEALTAD

L'obélisque du 2 mai 1808, inauguré en 1840, conserve dans une urne les cendres de certains héros du soulèvement contre les troupes de Napoléon. Juan Carlos en a fait le monument au soldat inconnu. Son petit jardin est charmant.

La Bourse de commerce, derrière l'obélisque, date de 1893 ; sa construction s'inspire de celle de Vienne.

Bolsa de Comercio (Bourse de commerce).

Puerta de Alcalá.

PUERTA DE ALCALÁ

Plaza de la Independencia
M° Banco de España, M° Retiro.
Dans l'Antiquité, l'emplacement marquait l'entrée de Madrid en venant d'Aragon. En 1778, Carlos III décide d'y construire une porte majestueuse et désigne Sabatini pour construire cette porte à cinq arches. A l'époque, des grilles en acier fermaient l'accès à la ville. On lui donne souvent le surnom de « porte authentique de Madrid ».

SE RESTAURER

Huertas se trouve à deux pas de Sol et de la plaza Mayor. Les journées ensoleillées, les terrasses de la plaza Santa Ana attirent les amateurs de tapas.
Mais la place est assez chère, alors que ses alentours regorgent de bons petits restos.

SUR LE POUCE

EL BRILLANTE

Glorieta del Emperador Carlos V, 8
✆ +34 915 392 806
M° Atocha.
Situé en face de la gare d'Atocha.
Ouvert tous les jours de 7h à minuit, jusqu'à 1h vendredi et samedi. Compter de 7 € à 15 €.
El Brillante est une institution à Madrid. On y croise les lève-tôt et les lève-tard, autour d'un sandwich aux calamars, de quelques *cañas* et de *churros* avec un chocolat chaud.

BIEN ET PAS CHER

EL DIARIO DE HUERTAS

Calle de las Huertas, 69
✆ +34 914 292 800
M° Antón Martín.
Du lundi au vendredi de 12h à minuit, samedi et dimanche de 12h à 2h du matin. De 8 € à 18 € le plat et 12 € à 15 € pour des tapas.
Depuis 1879, El Diario propose de bonnes tapas pour un goûteux panorama de la cuisine de terroir espagnole. Et à voir la clientèle d'habitués, les Madrilènes de Huertas apprécient le bon rapport qualité-prix.

TABERNA MACEIRA

Calle Huertas, 66 ✆ +34 914 295 818
M° Antón Martín.
Lundi au jeudi 13h à 16h et 20h à 0h, vendredi et samedi 13h à 16h et 20h à 1h, dimanche 13h à 16h. Compter 15-20 €.
Tout le monde se presse dans ce restaurant galicien pour déguster ses fruits de mer (surtout l'inévitable poulpe) dans une ambiance locale, bercée par la musique. C'est bon, mais il faut faire la queue !

Autre adresse : Calle de Jesús, 7

BONNES TABLES

BODEGA DE LOS SECRETOS

Calle de San Blas, 4
✆ +34 914 29 03 96
www.bodegadelossecretos.com
info@bodegadelossecretos.com
Tous les jours de 13h30 à 16h30 puis de 20h30 à 23h30 et jusqu'à 1h le vendredi et le samedi. De 18 € à 25 € le plat.
Cette ancienne cave du XVIIe siècle superbement restaurée cache l'histoire de la ville dans ses murs qui ont accueilli francs-maçons, adversaires de Napoléon et dissidents de la guerre civile. De nos jours, les niches où étaient conservés les tonneaux à l'époque permettent aux tables d'avoir chacune leur intimité pour mieux en savourer la cuisine méditerranéenne qui marie tradition et modernité.

LA CABAÑA ARGENTINA

Calle Ventura de la Vega, 10
✆ +34 913 697 202
www.lacabanaargentina.es
M° Sevilla ou Antón Martín.
Du dimanche au jeudi de 13h30 à minuit, vendredi et samedi de 13h30 à 0h30. Entre 14,50 € et 35,50 € le plat.
La viande argentine, d'une excellente qualité, est grillée sur un grand barbecue. Bien pour le dîner des carnivores dans une ambiance tamisée. C'est un peu cher, mais la qualité est là ! Réservation fortement conseillée le week-end.

CASA ALBERTO

Calle Huertas, 18
✆ +34 914 299 356
www.casaalberto.es
info@casaalberto.es
M° Antón Martín.
Taverne de 12h à 23h, restaurant de 13h30 à 16h et de 20h à 23h. Fermé dimanche soir et lundi. De 14 € à 22,50 € le plat.
Casa Alberto, fondée en 1827, garde un air de naguère : le comptoir, les verres mesureurs, la caisse enregistreuse. Une spécialité de la maison : la queue de taureau mijotée. A noter que Cervantes a vécu et écrit dans le bâtiment. Un vrai voyage dans le temps !

Casa Alberto.

EL INTI DE ORO

Calle Ventura de la Vega, 12
✆ +34 914 296 703
www.intideoro.com
restauranteintideoro@gmail.com
M° Sol ou Sevilla.

Tous les jours de 13h30 à 16h et de 20h30 à minuit. Compter entre 12 € et 18 € le plat et 32 € le menu dégustation.

Voilà le bon plan pour goûter à la cuisine péruvienne dans la capitale espagnole ! Et son fondateur Lcon Carillo sait de quoi il parle, puisqu'il régale son monde depuis 1991. Testez les langoustines !

ESTADO PURO

Plaza Cánovas del Castillo, 4
✆ +34 917 793 036
http://tapasenestadopuro.com
e.eventos@estadopuromadrid.com
M° Banco de España ou Antón Martín.

Ouvert tous les jours de 12h à minuit. Compter de 7,50 € à 13,50 € les tapas et de 13,50 € à 29 € le plat.

Des *tapas* de haute volée signées Paco Roncero. Le chef se réapproprie de grands classiques comme les *patatas bravas* qu'il aligne comme des menhirs ou la *tortilla* qu'il déstructure carrément pour un résultat toujours brillant et fin. Ce bar à *tapas*, aux allures de *dinner* hispanisé, est une excellente halte après avoir visité le Prado.

LA MALONTINA

Calle Veronica, 4
✆ +34 91 420 31 08
www.lamalontina.es
M° Anton Martin ou Atocha.

Dimanche, lundi de 13h30 à 16h30, mardi au samedi de 13h30 à 16h30 et de 21h à 23h30. De 15,50 € à 22,80 € le plat.

Laissez la carte de côté, et demandez conseil au serveur pour faire votre choix, vous ne le regretterez pas. Raffinée, surprenante et sans prétention, la cuisine de La Malontina satisfera pleinement vos attentes. Intimiste et accueillante, la maison est un réel succès gastronomique.

MURILLO CAFE

Calle de Ruiz de Alarcón, 27
✆ 913 69 36 89
www.murillocafe.com
oficina@murillocafe.com

Ouvert du lundi au samedi de 9h30 à 2h et le dimanche de 12h à 22h. De 13 € à 20 € le plat.

Ce café design rend hommage à l'un des peintres les plus connus d'Espagne, Bartolomé Esteban Murillo. Il sert une cuisine typique digne d'un bon bistro méditerranéen. Une halte très agréable !

TROTAMUNDOS

Paseo Infanta Isabel, 13
✆ +34 910 052 746
www.onlyyouhotels.com
madrid.atocha@onlyyouhotels.com
M° Atocha.

Tous les jours de 13h à 16h et de 20h à 23h. De 9 € à 24 € le plat et 7,50 € le dessert. Menu à 39 €.

Dans l'hôtel Only You Atocha, le chef Javi Mora, en collaboration avec les réputés chefs Jon Giraldo et Jaime Lieberman de la table barcelonaise le Spoonik, propose une cuisine métissée et inventive, « un voyage de l'Amérique latine à l'Asie avec escale en Espagne ».

VI COOL

Calle Huertas, 12
✆ +34 914 294 913
www.vi-cool.com
M° Antón Martin.

Du mardi au dimanche de 13h à 16h et de 20h à minuit. De 9,50 € à 18,70 € la ration de tapas ou le plat.

Bar-restaurant à tapas Viva Madrid.

Voilà la table madrilène du célèbre chef catalan Sergi Arola, qui propose ici une dégustation de tapas de qualité. Les saveurs traditionnelles sont retravaillées avec talent et les *patatas bravas* sont exceptionnelles. Le menu du midi en semaine (13,90 €) est un vrai bon plan. L'un de nos coups de cœur dans le quartier !

VIVA MADRID

Calle Manuel Fernández y González, 7
✆ +34 914 203 596
www.restaurantevivamadrid.com
M° Sol ou Sevilla.
Du mardi au jeudi et le dimanche de 12h à 2h, vendredi et samedi de 12h à 2h30. Compter entre 7 € et 14 € le plat.
Local andalou datant de 1856, à la décoration artisanale, avec façade d'azulejos et une petite terrasse en été. L'animation de la nuit en fait un bar purement madrilène ! Avec de bons cocktails à la carte.

LUXE

ESTIMAR MADRID

Calle del Marqués de Cubas, 18
✆ +34 914 292 052
www.restaurante-estimar.com
reservas@restaurantestimar.com
Ouvert du mardi au samedi de 13h30 à 16h et de 20h30 à 23h et le dimanche de 13h30 à 16h. Compter 40 €.
Ouvert en septembre 2022, Estimar, qui a déjà fait ses preuves à Barcelone, est la nouvelle table gastronomique de la capitale et, surtout, un spot de choix pour déguster poissons et fruits de mer ultra-frais principalement.

SHOPPING

Le quartier n'est pas exactement un quartier d'emplettes. Hormis les magasins des musées, il n'y a pas beaucoup à découvrir et il vaut mieux aller dans d'autres quartiers.

LICORES CABELLO
Calle Echegaray, 19
✆ +34 914 296 088
www.licorescabello.es
M° Sol ou Sevilla.
Ouvert du lundi au samedi de 10h à 14h30 et de 18h à 21h.
Ouvert depuis... 1892, ce caviste propose plus de 900 étiquettes de vins espagnols et d'alcools forts pour tous les budgets. Et le personnel est de bon conseil !

MARCHÉ DU LIVRE D'OCCASION (FERIA DEL LIBRO)
Cuesta de Moyano
www.ferialibromadrid.com
M° Atocha.
Ouvert du lundi au vendredi de 9h30 à 17h en hiver, et de 9h30 à 20h en été ; samedi et dimanche de 10h à 14h.
Une série de maisonnettes en bois suit la grille de clôture du jardin botanique. Il s'agit des bouquinistes de la Cuesta Moyano, le paradis des livres d'occasion et des livres anciens depuis 1925. En cherchant bien, on trouve des livres en français et des livres d'art à moitié prix.

TYPOGRAPHIA
Plaza de Canalejas, 3
www.typographia.com
mad@typographia.com
M° Sol.
Ouvert tous les jours de 11h et 21h. Compter entre 18 € et 27 € le t-shirt.
Des t-shirts souvenirs qui feront le bonheur des plus *hipsters* d'entre vous ! Une bonne idée pour un cadeau un peu original.

SORTIR

La vie nocturne bat son plein à Huertas. Mais ce sont surtout les touristes et les jeunes étrangers qui affectionnent la zone. Autour de la plaza Santa Ana, il y a de quoi boire quelques verres, au regard de la concentration de bars ! Les rues del Príncipe, Fúcar, León, San Agustín sont agréables de jour, mais surtout de nuit avec leurs bars, clubs, la musique live...

LES MEILLEURS TURRÓNES DE MADRID !

Cette douceur à base de miel, de sucre et d'amande est ce que l'on pourrait appeler une sorte de nougat ibérique. Pour le déguster sur place ou en ramener en France, une très bonne adresse :

CASA MIRA
Carrera de San Jerónimo, 30
✆ +34 914 296 796
www.casamira.es
info@casamira.es
M° Sol ou Sevilla.
Du lundi au samedi de 10h à 14h et de 17h à 20h. Fermé de mi-juillet à fin août.
Autoproclamé comme faisant le meilleur *turrón* d'Espagne, c'est en tout cas le meilleur de Madrid ! La preuve ? La boutique qui a conservé son ambiance d'antan régale la ville depuis 1855 et six générations...

Casa Alberto.

CAFÉS – BARS

CASA ALBERTO

Calle Huertas, 18
✆ +34 914 299 356
www.casaalberto.es
info@casaalberto.es
M° Antón Martín.
Ouvert du mardi au samedi de 12h à 1h30 du matin et le dimanche de 12h à 16h.
Dans cette vieille maison, on déguste le vermouth avec un zeste d'orange depuis 1827.

EL PIRATA

Calle del Principe, 20
✆ +34 675 171 084
M° Sol ou Antón Martín.
Ouvert du lundi au samedi de 21h30 à 3h du matin.
Ce petit pub propose un large choix de bières et une vingtaine de gins dans une ambiance bon enfant qui monte au fur et à mesure de la soirée.
Moins touristique que les autres adresses du quartier.

LAMUCCA DE PRADO

Calle del Prado, 16
✆ +34 915 210 000
lamuccadeprado@gmail.com
M° Antón Martín.
Du dimanche au mercredi de 13h à 1h30, le jeudi de 13h à 2h du matin et le vendredi et le samedi de 13h à 2h30 du matin.
En plein cœur de Huertas, on se presse à Lamucca pour boire un bon verre de vin, grignoter un ou deux tapas, profiter de l'ambiance branchée et prier pour voir un joueur du Real Madrid passer la porte... Et oui, ça arrive !

LA VENENCIA

Calle de Echegaray, 7
✆ +34 914 297 313
www.lavenencia.com
M° Sevilla.
Tous les jours de 12h30 à 16h et de 19h à minuit.
Une institution à Madrid. Un bar idéal pour l'apéritif dans un cadre décoré de fûts de vin avec dégustation de très bons jérez. Un vrai voyage dans le temps entouré de locaux !

CLUBS ET DISCOTHÈQUES

■ TEATRO KAPITAL

Calle Atocha, 125
✆ +34 914 202 906
www.teatrokapital.com
info@teatrokapital.com
M° Atocha.
Ouvert du mercredi au samedi de minuit à 6h. Entrée payante.
Immense discothèque de sept étages avec toutes sortes de musique : house, salsa, soul…
La clientèle est aussi diverse que la musique. On y trouve le club la Fabrik qui accueille régulièrement David Guetta et tout le gratin des DJs internationaux.

SPECTACLES

■ CAFE CENTRAL

Plaza del Angel, 10
✆ +34 913 694 143
www.cafecentralmadrid.com
info@cafecentralmadrid.com
M° Sol ou Antón Martín.
Du dimanche au jeudi de 12h à 2h du matin et vendredi et samedi de 11h30 à 3h. Entrée de 10 € à 21 €.
Connu par tous les aficionados du jazz à Madrid. Les artistes sont en général à l'affiche pendant une semaine, mais allez voir leur programmation sur place. Une institution de la capitale !

■ CÍRCULO DE BELLAS ARTES

Casa Europa, Calle Alcala, 42
✆ +34 913 605 400
www.circulobellasartes.com
info@circulobellasartes.com
M° Banco de España ou Sevilla.
Exposition : mardi au dimanche, 11h-14h et 17h-21h. Rooftop : lundi au dimanche, 9h-2h30. 5 € (expo et rooftop).
En plus des expositions et des films, beaucoup de pièces de théâtre traitant de sujets contemporains.

■ THÉÂTRE DE LA ZARZUELA

Calle Jovellanos, 4
✆ +34 915 245 400
Voir page 18.

Cafe Central.

Quartier de Malasaña.

© KELVINJAY

CHUECA, MALASAÑA ET CHAMBERÍ

IMMANQUABLE DANS CE QUARTIER

- S'imprégner de l'esprit de la Movida une fois la nuit tombée à Malasaña.
- Profiter des terrasses de la place Dos de Mayo.
- Visiter les galeries de peinture qui pullulent dans le quartier.
- S'encanailler dans les nuits de Chueca, où gays et hétéros se mélangent.

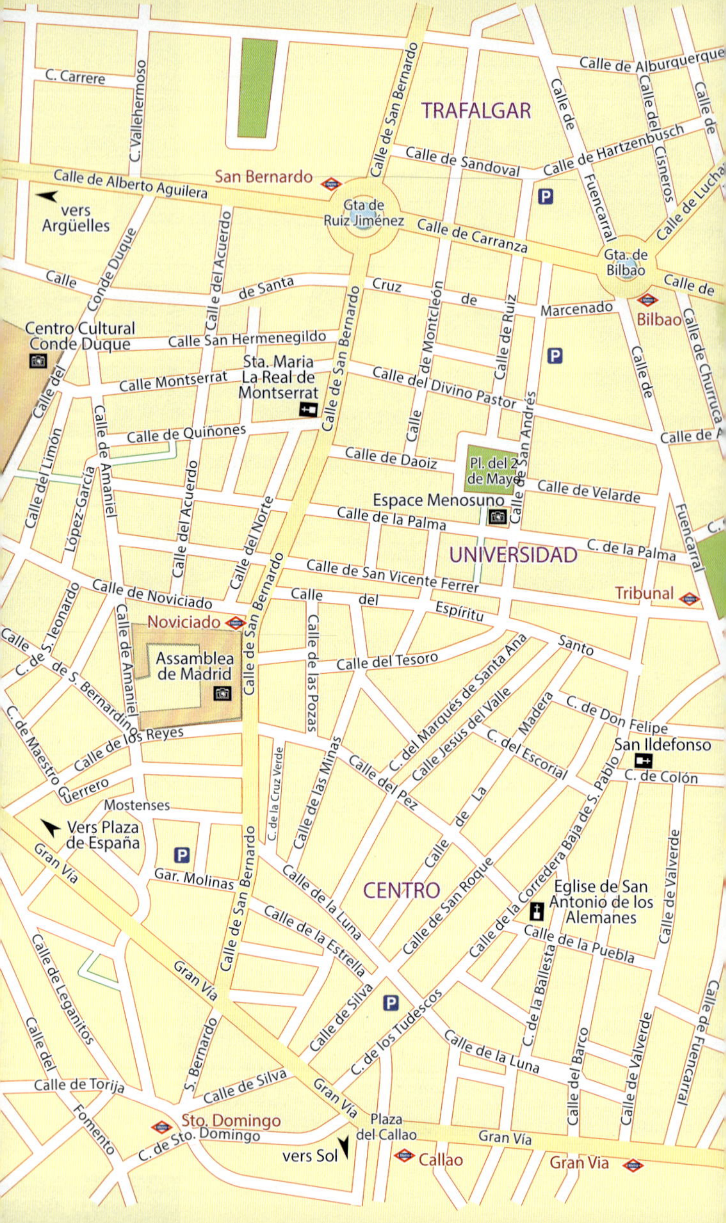

C. Carrere
C. Vallehermoso
Calle de San Bernardo
TRAFALGAR
Calle de Alburquerque
Calle de
Calle del Cisneros
Calle de Hartzenbusch
Calle de Sandoval
Calle de Alberto Aguilera
San Bernardo
Gta de Ruiz Jiménez
vers Argüelles
Calle de Carranza
Fuencarral
Calle de Luchana
Gta. de Bilbao
Calle de
Calle Conde Duque
Calle del Acuerdo
Calle de Santa Cruz de Marcenado
Bilbao
Calle de Churruca
Centro Cultural Conde Duque
Calle San Hermenegildo
Calle de Montcleón
Calle de Ruiz
Calle Montserrat
Sta. Maria La Real de Montserrat
Calle del Divino Pastor
Calle de San Andrés
Calle de
Calle del Limón
Calle de Quiñones
Calle de Daoiz
Pl. del 2 de Mayo
Calle de Velarde
López-García
Calle de Amaniel
Calle del Acuerdo
Calle del Norte
Espace Menosuno
Calle de la Palma
C. de la Palma
Fuencarral
UNIVERSIDAD
Calle de San Vicente Ferrer
Tribunal
Calle de Noviciado
Calle del Espíritu Santo
Calle de S. leonardo
Noviciado
Calle de las Pozas
Calle del Tesoro
Calle de S. Bernardino
C. de S. Bernardino
Assamblea de Madrid
Calle de Amaniel
C. del Marqués de Santa Ana
Calle Jesús del Valle
C. de Don Felipe
San Ildefonso
C. de Maestro Guerrero
Calle de los Reyes
C. del Escorial
Calle de La Madera
C. de Colón
Calle de las Minas
Calle del Pez
Mostenses
Vers Plaza de España
C. de la Cruz Verde
Gran Vía
Gar. Molinas
Calle de San Bernardo
Calle de la Corredera Baja de S. Pablo
Calle de Valverde
Calle de la Luna
CENTRO
Calle de San Roque
Eglise de San Antonio de los Alemanes
Calle de la Estrella
Calle de la Puebla
Calle de Leganitos
Gran Vía
C. de la Ballesta
Calle de Silva
C. de los Tudescos
Calle de Fuencarral
S. Bernardo
Calle de la Luna
Calle del Barco
Calle de Valverde
Calle del Fomento
Calle de Torija
Calle de Silva
Gran Via
Sto. Domingo
C. de Sto. Domingo
Plaza del Callao
Gran Vía
vers Sol
Callao
Gran Via

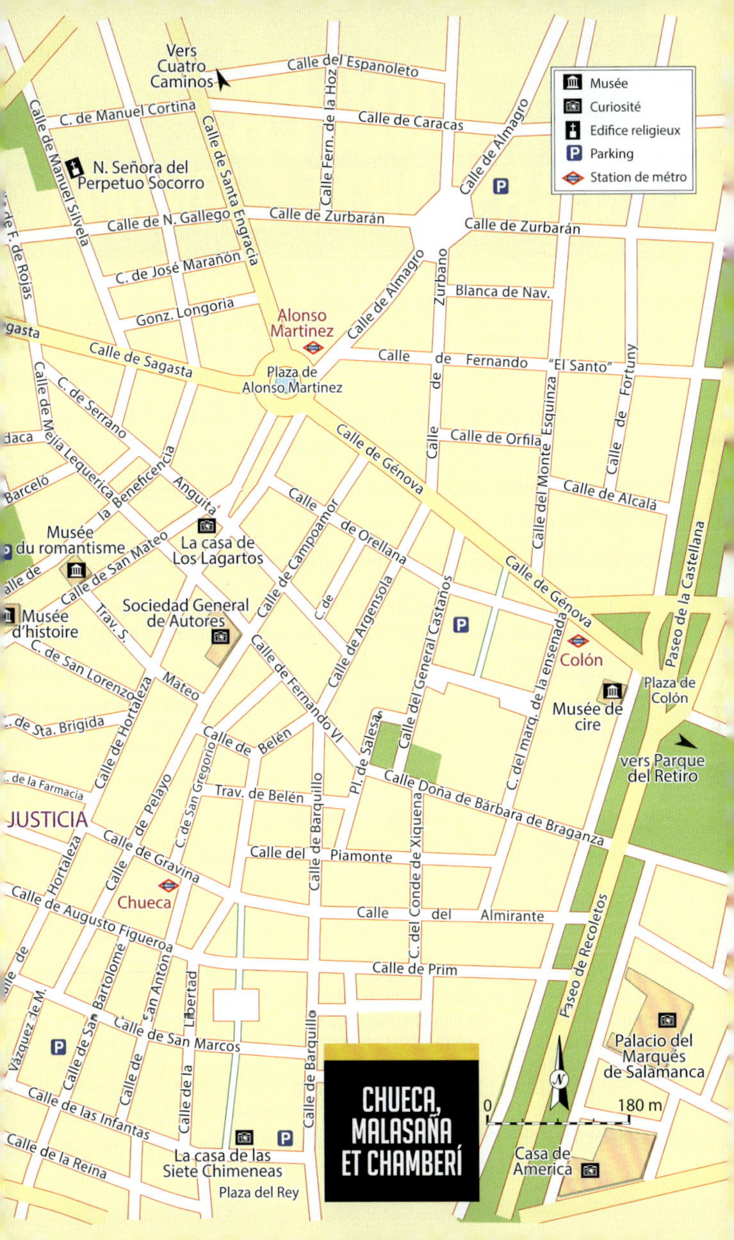

CHUECA, MALASAÑA ET CHAMBERÍ
Musée
Curiosité
Edifice religieux
Parking
Station de métro
Vers Cuatro Caminos
Calle del Espanoleto
C. de Manuel Cortina
Calle de Caracas
Calle de Almagro
Calle Fern. de la Hoz
Calle de Santa Engracia
Calle de Manuel Silvela
N. Señora del Perpetuo Socorro
Calle de N. Gallego
Calle de Zurbarán
Calle de Zurbarán
C. de José Marañón
Gonz. Longoria
Blanca de Nav.
Calle de Almagro
Alonso Martinez
Calle de Sagasta
Plaza de Alonso Martinez
Calle de Fernando "El Santo"
Calle de Zurbano
Calle de Fortuny
Calle de Mejía Lequerica
C. de Serrano
Calle de Orfila
Calle del Monte Esquinza
Calle de Génova
la Beneficencia
Anguita
Calle de Alcalá
Barceló
Musée du romantisme
Calle de San Mateo
La casa de Los Lagartos
Calle de Campoamor
Calle de Orellana
Calle de Génova
Paseo de la Castellana
Musée d'histoire
Sociedad General de Autores
Trav. S. Mateo
C. de
Calle de Argensola
Calle del General Castaños
C. de San Lorenzo
Calle de Fernando VI
Colón
Plaza de Colón
Musée de cire
C. del marq. de la ensenada
Calle de Hortaleza
C. de Sta. Brigida
Calle de Belén
Pl. de Salesas
vers Parque del Retiro
C. de la Farmacia
C. de San Gregorio
Trav. de Belén
Calle Doña de Bárbara de Braganza
JUSTICIA
Calle de Pelayo
Calle de Gravina
Calle de Barquillo
Calle del Piamonte
Calle del Conde de Xiquena
Hortaleza
Chueca
Calle del Almirante
Calle de Augusto Figueroa
Paseo de Recoletos
C. del Conde de Xiquena
Calle de Prim
Calle de San Bartolomé
San Antón
Libertad
Vázquez de M.
Calle de San Marcos
Palacio del Marqués de Salamanca
Calle de las Infantas
Calle de la
Calle de Barquillo
0
180 m
N
Calle de la Reina
La casa de las Siete Chimeneas
Plaza del Rey
Casa de America

CHUECA, MALASAÑA ET CHAMBERÍ

Chueca, Chamberí et Malasaña sont trois quartiers voisins dont l'essence est très différente, mais qui cohabitent en toute tranquillité. L'un est l'emblème de l'homosexualité, l'autre très *castizo*, et le dernier alternatif. Séjourner ici est idéal pour les fêtards, mais vous trouverez également des hôtels plus tranquilles.

Chueca renaît depuis la fin des années 1990, grâce à l'initiative des nouvelles générations, et notamment de la communauté homosexuelle qui s'y installe progressivement. Par leur présence, les nouveaux arrivants bousculent la vie du quartier qui était un peu en désuétude. Chueca est donc devenu le quartier gay par excellence. Mais Chueca ne se limite pas à sa population, car tous les hétéros adorent eux aussi ce quartier. Il se situe près de la Gran Vía : son centre névralgique est la place de Chueca, très vivante en soirée. C'est le quartier le plus tendance, le plus pointu en termes de mode. Pubs, boîtes de nuit et bars nocturnes sont à l'image de cette évolution et un mélange attrayant d'ancien et de moderne, de classique et de futuriste. Deux rues aux boutiques tendance séparent ce quartier de celui adjacent de Malasaña : les rues Hortaleza et Fuencarral, où se rencontrent les jeunes créateurs et artistes assoiffés de modernité. Sa gay pride est connue à travers le monde pour être la meil-

TOMÁS ALÍA, UN ARCHITECTE D'INTÉRIEUR DE RENOM

Tomás Alía est un architecte d'intérieur à la cote montante, reconnu dans le monde entier et très populaire en Espagne. Il vit à Madrid, où nombre de ses créations peuvent être découvertes par tous. Il a signé entre autres la décoration des hôtels Room Mate, le restaurant Mood, ou encore le club La Reina Bruja. Des dizaines de bars et de cafés dans la capitale. Il est également connu pour la décoration des clubs les plus branchés de Madrid. Ses ouvrages, voire œuvres d'art, sont tous surprenants, lumineux, colorés, avec des jeux sur les volumes. Il est le digne représentant de la scène créative de l'architecture espagnole. Il a tant de succès que les couples aisés de Madrid rêvent d'un rendez-vous au milieu de son emploi du temps surchargé, pour réaliser la décoration de leur maison.

© KELVINJAY

Quartier de Chueca.

leure, mais aussi parce que la fête dure près d'une semaine fin juin, début juillet et se propage dans toute la ville.

Malasaña, dans les années 1980 devient le noyau de la Movida madrilène. C'est là que se rassemblaient les agitateurs dont Pedro Almodóvar, digne représentant du mouvement. La zone de Malasaña se situe entre la Gran Vía, les rue Fuencarral et San Bernardo, et la glorieta de Bilbao. Le jour, c'est un quartier calme et populaire. Les rues tranquilles laissent croire que l'on déambule dans un village assoupi. Des places avec des enfants qui jouent, des petits commerces, des restaurants de quartier en font un merveilleux endroit. Mais le soir, cela change et la fête prend le dessus. De tradition rock'n'roll, ce quartier est également le lieu des DJ aux sonorités electro et techno. Les bars à tapas y sont très communs. Le centre névralgique du quartier, la plaza Dos de Mayo est très animée dès que la nuit tombe. Manuela Malasaña a donné son nom à une rue et au quartier tout entier. Cette jeune fille de 15 ans est abattue le 2 mai 1808, à Madrid, pendant les combats contre les troupes de Napoléon. Elle est depuis devenue un mythe, symbolisant la résistance du peuple madrilène contre les troupes françaises de Napoléon. Malasaña est lui aussi un quartier à la mode pour les créateurs, néanmoins au style plus alternatif. Le quartier regorge également de galeries ou de locaux alternatifs.

Chamberí, zone plus *pija* (huppée), ressemble un peu à La Latina, mais avec moins de mouvement. Pendant l'occupation de la capitale par les troupes de Napoléon, au début du XIXe siècle, les soldats décidèrent d'appeler la place centrale du quartier Chamberí, en l'honneur de la ville française de Savoie. Cette zone appartenait auparavant à l'ordre des Templiers (dès le XVe siècle), c'est pour celà que vous y trouverez de nombreuses églises, et de très jolies bâtisses. Ici, on cherche à passer un bon moment avec des amis, sans pour autant sortir jusqu'à des heures trop tardives.

Cette zone très traditionnelle, dite *castiza*, oú les bonnes pratiques font foi, est un des endroits agréables de Madrid pour sortir dîner ou prendre un verre.
Dans Chueca, Chamberí et Malasaña, se mêlent les immeubles et appartements à la décoration traditionnelle, les commerces anciens et historiques, aux nouveaux établissements ultra design, à l'esprit pop, minimaliste ou déluré. Côte à côte, des magasins vintage, des outlets, des restaurants, des associations culturelles et artistiques, des boutiques où de jeunes designers proposent des collections inimitables.

Accès. Les principales stations de métro pour rejoindre ces quartiers sont : Chueca, Alonso Martínez, Tribunal, Noviciado, Callao Gran Vía, Bilbao, Iglesia et Rios Rosas.

VISITER

Dans cette zone, il y a peu de visites à faire. La principale activité sera la contemplation des édifices et de nombreux locaux alternatifs dédiés à l'art, comme la Fontaine des Dauphins au coin des rues Hortaleza et Santa-Brigida, dessinée par Ventura Rodríguez (l'eau n'est pas potable). Visitez des galeries de peinture, elles abondent dans la calle Orfila, entre les calles Alonso Martínez et Colón, dans la calle Barquillo, Conde de Xiquena. Il faut parcourir les quartiers de Tribunal et Malasaña à pied, pour partir à la découverte de petites rues tranquilles, où règne une ambiance hors du temps. Ce quartier est proche de celui connu sous le nom du centre culturel Conde Duque. Pour vous organiser, Chamberí est diurne, et les deux autres quartiers se visitent surtout à la nuit tombée...

MUSÉE D'HISTOIRE ★

Calle Fuencarral, 78
✆ +34 917 011 863
M° Tribunal.
Ouvert du mardi au dimanche de 10h à 20h. Entrée gratuite.
Le Musée municipal est un édifice baroque de Pedro de Ribera avec une

© ALEX SEGRE – SHUTTERSTOCK.COM

Musée d'histoire.

Palais Longoria (Sociedad General de Autores).

façade de pierre sculptée par Ribera et Juan Ron en 1726. Philippe V en fit un hospice pouvant accueillir plus de 3 000 aliénés. Il devient musée en 1929. A l'intérieur, l'histoire de Madrid, de sa fondation à aujourd'hui avec reconstitutions, maquettes, dessins, photos, sculptures, porcelaines, orfèvrerie, éventails, meubles, armes, pièces de monnaie et médaille... Derrière le musée, dans le jardin, on trouve une statue à la mémoire de Mesonero Romanos (un des plus célèbres chroniqueurs de Madrid) et une jolie fontaine baroque, de Pedro Ribera.

MUSÉE DU ROMANTISME ★

Calle San Mateo, 13
✆ +34 914 481 045
http://museoromanticismo.mcu.es
M° Alonso Martínez.
Mai à oct : mar au sam de 9h30 à 20h30, dim de 10h à 15h. Nov à av : mar au sam de 9h30 à 18h30, dim de 10h à 15h. 3 €.
Le musée du palais du XVIIIe siècle est dédié au Madrid romantique : peintures, meubles et Art déco du XIXe siècle. A l'intérieur du bâtiment, on peut admirer le superbe patio andalou et le Jardin Magnolio, un bel exemple de jardin à la française.

PALAIS LONGORIA (SOCIEDAD GENERAL DE AUTORES) ★

Calle de Fernando VI, 4
Ouvert du lundi au vendredi de 8h à 14h30. Visites guidées gratuites sur réservation.
Construit en 1902 par l'architecte catalan José Graves Riera, l'édifice vaut le coup d'œil pour sa façade en pierres artificielles aux motifs floraux et végétaux et sa coupole de verre. Aujourd'hui, c'est le siège de la Société générale des auteurs (SGAE).

SE RESTAURER

Il faut absolument goûter la cuisine des établissements branchés de ces quartiers, car les bons restaurants fourmillent.

SUR LE POUCE

GREEK AND SHOP

Corredera Alta de San Pablo, 9
✆ +34 915 326 083
www.greekandshop.es
M° Tribunal.
Lundi au mercredi de 8h à 1h, jeudi et vendredi de 8h à 2h, samedi de 9h à 3h et dimanche de 9h à 1h. De 10 € à 15 €.
D'influence grecque et méditerranéenne, ce take-away au look affirmé propose de délicieux produits frais. Que ce soit pour composer une pita, trouver de quoi pique-niquer ou tout simplement faire ses courses, voilà une excellente adresse.

MARCHÉ DE SAN ANTON

Calle Augusto Figueroa, 24
✆ +34 91 330 07 30
www.mercadosananton.com
info@mercadosananton.com
M° Gran Via ou Banco de España.
Tous les jours de 10h à 22h (minuit pour la restauration). Vendredi et samedi, la terrasse ferme à 1h30.
Concurrent direct du marché San Miguel, il est moins touristique, bien que très couru des locaux. Des produits de qualité vous attendent aux trois étages du marché. Fromagers, charcutiers, stand de sushis ou traiteur grec... Vous ne pourrez pas y résister. Le must ? Monter à la terrasse trinquer avec les trentenaires à la mode d'un bar à coktails baigné de soleil. Avec vue sur les toits en prime. Notre coup de cœur !

MERCADO SAN ILDEFONSO

Calle Fuencarral, 57
✆ +34 915 591 300
Voir page 17.

STOP MADRID

Calle Hortaleza, 11
✆ +34 915 218 887
www.stopmadrid.es
stopmadrid@stopmadrid.es
M° Chueca.
Du dimanche au mercredi 12h-16h et 19h-1h, jeudi 12h-1h, vendredi et samedi 12h-2h. Tapas de 6 € à 22 €.
Un excellent bar à tapas, sans conteste l'un des meilleurs de la capitale, très

POUR PRENDRE LE POULS DU QUARTIER

Il y a parfois de ces lieux emblématiques qui façonnent le quartier et qui deviennent le repaire des habitants du coin.

OJALÁ

Calle de San Andrés, 1 ✆ +34 915 232 747
M° Tribunal, Noviciado ou Bilbao. A l'angle de la calle Espiritu Santo.
Ouvert du dimanche au mercredi de 10h à 1h du matin, le jeudi de 10h à 1h30 et le vendredi et le samedi de 10h à 2h du matin. A la carte, compter entre 15 et 20 €.
On vient ici pour la déco, complètement refaite en 2017, et l'ambiance décontractée, chère à Malasaña. Avec ses lumières bariolées, ses plantes et sa déco en bois et métal, Ojalá détonne. L'hiver, le petit restaurant est un rayon de soleil ; l'été, il s'apprécie aussi en terrasse. Son brunch, avec ses tartes maison et ses jus frais est très couru.

© MERCADO SAN ILDEFONSO

Mercado San Ildefonso.

fréquenté et à l'esprit de taverne. Ici, on déguste un verre de rioja tout en picorant du jambon, du fromage, du chorizo... Authentique !

- **Autre adresse :** Calle del León, 10.

TABERNILLA DEL GATO AMADEUS

Calle del Limón, 32
✆ +34 915 414 112
M° Noviciado.
Ouvert tous les jours de 13h à 16h et de 19h30 à 1h du matin. Compter 15 €.
Malgré son déménagement, cette adresse est toujours irrésistible pour se régaler de boulettes de viande (*albondigas*), de croquettes de jambon et de morue ou du fromage cuit avec kiwi et confiture.

- **Autre adresse :** Calle Limón, 32

PAUSE GOURMANDE

VIENA CAPELLANES

Calle Fuencarral, 122
✆ +34 914 461 783
www.vienacapellanes.com
M° Bilbao, San Bernardo, Quevedo.
Ouvert tous les jours de 7h30 à 22h.
Quelques tables pour s'asseoir et déguster les pâtisseries maison. Goûtez notamment à la *tarta sacher*, la spécialité.

BIEN ET PAS CHER

BURNOUT

Calle Valverde, 6
✆ +34 699 736 391
www.burnoutburgers.com
info@burnoutburgers.com
M° Gran Vía.
Du dimanche au mercredi 13h-16h15/20h-minuit, jeudi jusqu'à 1h, vendredi et samedi 13h-17h/20h-1h30. De 11,90 € à 14,90 €.
En plus de sa déco très sympa et de son accueil souriant (et souvent d'un digestif offert !), le Burnout propose surtout l'un des meilleurs burgers de Madrid ! Classique au cheddar ou avec du bacon, version guacamole ou au poulet sauce salsa, au fromage de chèvre, ils sont à tomber (comme les frites faites maison d'ailleurs) !

CASA JULIO

Calle Madera, 37
✆ +34 915 227 274
M° Tribunal.
Du mardi au jeudi de 18h à 23h30, vendredi au samedi de 13h à 16h et de 18h à minuit. De 6 € à 18 € la ration de tapas.
Au coude à coude avec votre voisin, vous accéderez au comptoir et, si vous êtes chanceux, à une table, dans ce bar-restaurant très prisé par les locaux. Ici, pas de touristes, seulement des habitués qui vénèrent les (énormes) *croquetas* de chez Julio, considérées comme les meilleures de la capitale ! Un lieu purement madrilène.

EL CISNE AZUL

Calle de Gravina, 19
✆ +34 915 213 799
M° Chueca.
Ouvert tous les jours de 12h30 à 16h et de 20h à minuit. Compter de 15 € à 22 € le plat.
Amateurs de champignons, c'est votre endroit. Le propriétaire et serveur de ce bar est un passionné, et cueille lui-même une partie des produits. On y trouve toute l'année les champignons de la saison. Un délice !

Autre adresse : Calle de Gravina, 27

FRIDA

Calle San Gregorio, 8
✆ +34 917 048 286
http://fridamadrid.com
M° Chueca.
Ouvert tous les jours de 11h à 1h du matin. Compter de 12 € à 22 € le plat. Brunch du week-end à 22 € par personne.
Il règne une excellente ambiance chez Frida, à la déco tendance et soignée, notamment à l'heure du brunch le week-end. Le reste de la semaine, les tartines et les smoothies font fureur auprès des trentenaires branchés de la capitale, qui laissent les enfants vaquer à leurs occupations sur la petite place attenante.

LA MUSA

Calle Manuela Malasaña, 18
✆ +34 914 487 558
www.grupolamusa.com
lamusa@grupolamusa.com
M° Bilbao ou San Bernardo.
Lundi, mardi 13h-16h30 et 19h-minuit, mercredi, jeudi, dimanche 13h-minuit, samedi 13h-1h. Entre 20 € et 25 €.
La Musa est l'un des bars à *tapas* branchés de la calle Malasaña. Si la carte a changé à l'été 2015, le concept reste le même. Ici, c'est *tapas* tendance, assiette soignée, cuisine fusion aux influences asiatiques : mélange chèvre et miel, tempura de langoustine, l'incontournable *bomba* (pomme de terre et viande hachée et son mélange de trois sauces) et... la croqueta 2.0 ! Par contre, il faut faire la queue en buvant un verre, car il n'y a pas de réservations possibles... et tout le monde y va.

Autre adresse : Costanilla San Andres, 12 - La Latina

PUBLIC

Calle Desengaño, 11
✆ +34 917 010 176
www.andilana.com
public@andilana.com
M° Callao.
Ouvert du dimanche au mercredi de 13h15 à 23h30 et du jeudi au samedi de 13h à minuit. Compter de 8 € à 15 € le plat.

Un cadre feutré aux tons boisés, idéal pour le dîner. L'ambiance est chic et les plats à des prix imbattables. Millefeuilles de filets de bœuf et foie gras, gambas grillés ou filet de thon sauce romesco, tout est bon. Pour apprécier ces menus plaisirs, il faut faire un peu la queue le week-end car il n'y a pas de réservation possible.

BONNES TABLES

La rue San Bernardino est connue pour être celle qui offre un tour du monde en cuisine : chinois, iranien, indien, indonésien et thaïlandais à de bons rapports qualité/prix.

BOSCO DE LOBOS

Calle Hortaleza, 63
✆ +34 915 249 464
M° Chueca.
Ouvert du dimanche au jeudi de 12h à 1h du matin et vendredi et samedi de 12h à 2h du matin. Compter 25 € à la carte.
Cachée derrière l'entrée de l'école d'architecture, voilà une trouvaille bien agréable lorsque la température monte en été. La carte aux influences italiennes est plutôt réussie et, surtout, on est coupé du monde sur cette terrasse arborée, bien loin de la frénésie madrilène.

CASA SALVADOR

Calle Barbieri, 12
✆ +34 915 214 524
www.casasalvadormadrid.com
contacto@casasalvadormadrid.com
M° Chueca.
Lundi 13h-16h, mardi au jeudi 13h30-16h et 20h30-23h, ven et samedi 13h30-16h et 20h30-23h30. De 14,50 € à 22 € le plat.
On vient ici surtout pour déjeuner et pour déguster une cuisine maison typique, comme la queue de taureau, la soupe de poisson, les beignets de morue... Hemingway adorait venir dans cet établissement *taurino*.

CON 2 FOGONES

Calle San Bernardino, 9
✆ +34 915 596 326
www.condosfogones.com
c2f@condosfogones.com
M° Plaza de España.
Tous les jours de 13h à 17h et de 20h15 à minuit, jusqu'à 1h vendredi et samedi. Entre 9,50 € et 19,50 € le plat.
Ce restaurant chaleureux se démarque par la créativité de sa cuisine, qui lui vaut les éloges de la presse madrilène. Au menu, cabillaud confit avec du pistou de champignons et de la crème d'ail, magret de canard avec une sauce à l'abricot et aux pommes... Le tout pour des prix très raisonnables.

DIURNO

Calle de San Marcos, 37
✆ +34 915 220 009
www.diurno.com
info@diurno.com
M° Chueca.
Lundi au jeudi 10h-17h et 20h-minuit, vendredi 10h-2h du matin, samedi 11h-2h, dimanche 11h-0h. De 14 € à 23,50 € le plat.
On se presse dans cette grande salle cosy et très lookée pour son entrecôte grillée avec ses tomates et oignons confits ou pour ses linguines aux crevettes, mais aussi pour le côté original du lieu, qui est à la fois un restaurant donc, un vidéoclub et un spot branché de deuxième partie de soirée.

EL INCA
Calle Gravina, 23
✆ +34 915 327 745
www.elinca.es
info@elinca.es
M° Chueca.
Mardi, mercredi 13h-17h, jeudi à samedi 13h-17h et 20h-0h, dimanche 13h-17h. De 11,50 € à 22,50 € le plat.
Si ce n'est pas le Pérou, ça y ressemble ! Symbolique inca, *pisco sour* dans les verres et de nombreuses spécialités péruviennes dans l'assiette : *aji de gallina*, *ceviche*, *tamales*...

LA PESCADERIA
Calle de la Ballesta, 32
✆ +34 915 239 051
barlapescaderia@gmail.com
M° Gran Vía, Callao ou Tribunal.
Ouvert du dimanche au jeudi de 12h30 à 1h du matin, le vendredi et le samedi de 12h30 à 2h. Compter de 9 € à 20 € le plat. Réservation conseillée.
Comme son nom l'indique, ici ce sont les poissons et les fruits de mer qui sont mis à l'honneur. La cuisine inventive mélange les saveurs avec réussite. On a particulièrement aimé les langoustines à la mangue et le steak tartare. A tester.

TABERNA LA CARMENCITA
Calle Libertad, 16
✆ +34 915 310 911
https://tabernalacarmencita.es
M° Chueca.
Tous les jours de 9h (13h pour le déjeuner) à 1h30 du matin. Compter de 16 € à 32 € le plat.
Les carrelages aux murs, les assiettes de grand-mère, le joyeux brouhaha, bref voilà la vraie table madrilène comme on l'aime ! La cuisine espagnole est savoureuse et on a particulièrement aimé les boulettes de bœuf sauce salsa ou le beignet de viande à la crème de champignons.

LUXE

LUA
Calle Eduardo Dato, 5
✆ +34 913 952 853
www.restaurantelua.com
M° Iglesia ou Ruben Dario.
Ouvert du lundi au samedi de 13h30 à 15h15 et de 20h30 à 23h. De 24 € à 32 € le plat. Menus à 86 € et 124 €.
Sobriété et élégance sont les mots d'ordre de ce charmant restaurant. Il a tout d'un restaurant de luxe : tables séparées, grande qualité des plats, et des serveurs très attentionnés. Tout est au rendez-vous pour une soirée réussie tout en douceur.

SHOPPING

Léchez les vitrines de la calle Almirante, Hortaleza et Fuencarral. Les magasins de vêtements, de chaussures et d'accessoires débordent de créativité.

LES MARQUES ESPAGNOLES

Qui ne connaît pas Zara, Custo, Desigual, pour ne citer que quelques noms, tant sont nombreuses les enseignes ibériques ? Si vous adorez ces marques, sachez que faire ses emplettes à Madrid est bien moins cher (de l'ordre de 30 %) que dans l'Hexagone. Alors, à vos marques...

© DOOC

Dooc.

BISCUIT STORE

Corredera Alta de San Pablo, 4
✆ +34 913 787 743
www.biscuitstore.es
info@biscuitstore.es
M° Bilbao.
Ouvert du lundi au samedi de 10h à 21h, le dimanche de 11h à 20h30.
Un petit magasin de mode avec des marques comme Luka Moon, El Taller de Violeta, Nice Things, La Casita de Wendy... des marques de designers espagnoles. Quelques accessoires et bijoux également. On découvre, on essaye, tout en grignotant des biscuits maison dans une petite boutique magnifique. Pour les filles seulement !

Autre adresse : Calle Corredera Alta de San Pablo, ✆ : +34 913 787 743.

CASA POSTAL

Calle Libertad, 37
✆ +34 915 327 037
www.casapostal.net
casapostal@hotmail.com
M° Chueca.
Ouvert du lundi au vendredi de 10h à 14h et de 17h à 19h30, samedi de 11h à 14h.
La caverne d'Ali Baba de la carte postale dénombre des centaines de milliers d'exemplaires, de toutes les époques, ainsi que des posters, des affiches et des livres anciens. Un choix démentiel, original et à voir. Egalement quelques bibelots, curiosités

DOOC

Calle Espíritu Santo, 27
✆ +34 910 701 654
www.dooc.eu
hola@dooc.eu
M° Tribunal ou Noviciado.
Ouvert du mardi au samedi de 11h à 15h et de 17h à 21h. Accessible aux personnes à mobilité réduite.
Voilà le nouveau magasin de déco à la mode à Malasaña. Luminaires, coussins ou petit mobilier, les nouveaux créateurs sont tous là. Vraiment réussi !

Autre adresse : Calle Atocha, 73

FLAMINGOS VINTAGE KILO MADRID

Calle San Joaquín, 16
✆ +34 910 742 642
flamingosvintagekilomad@gmail.com
M° Tribunal.
Ouvert du lundi au samedi de 11h à 21h.
Voilà une excellente adresse pour trouver des fripes à Malasaña. Jeans, chemises hawaïennes ou vestes en cuir, le choix est grand et l'addition se calcule... au kilo !

LOBO FELIZ

Calle San Mateo, 28
✆ +34 913 914 250
www.lobofeliz.com
info@lobofeliz.com
M° Tribunal.
Ouvert du lundi au vendredi de 10h30 à 14h30 et de 16h30 à 20h, samedi de 11h à 14h30.
Vous remarquerez sûrement que les Espagnols sont très friands des magasins destinés à la petite enfance. Au Lobo Feliz (« le loup joyeux »), on trouve de superbes jouets en bois, pour tous les âges et toutes les bourses. Tenue par le sympathique Luis, voilà en tout cas l'adresse idéale pour rapporter des cadeaux aux plus petits.

EL TEMPLO DE SUSU

Calle Espíritu Santo, 1
✆ +34 915 233 122
M° Tribunal.
Ouvert du lundi au vendredi de 11h à 14h30 et de 17h30 à 21h.
Pour ceux qui aiment la mode rétro des années 1960 et 1970, on trouve de tout dans cette friperie bien connue de Malasaña.

TIPOS INFAMES

Calle San Joaquín, 3
✆ +34 915 228 939
www.tiposinfames.com
librosyvinos@tiposinfames.com
M° Tribunal.
Ouvert du lundi au samedi de 11h à 15h et de 17h à 22h.

Café la Palma.

Voilà une librairie charmante où l'on pourra venir flâner et bouquiner... un bon verre de vin à la main ! Accoudé au bar ou affalé dans un canapé, quelques heures agréables en perspective. Une adresse rare.

SORTIR

Si Chueca est le quartier gay de Madrid, les hétéros sont tout aussi nombreux à y sortir. Et c'est justement la richesse ce quartier. A côté des bars, il y a des boîtes SM, lesbiens, back-rooms, etc. Malasaña, le quartier de la Movida des années 1980, est toujours à la pointe de la fête. Tout autour de la place Dos de Mayo, on trouve de très nombreuses salles où les concerts à l'esprit rock'n' roll abondent.
Chamberí, quartier traditionnel par excellence, regorge de charmants bars de quartier. Parfait pour s'asseoir et profiter de l'ambiance locale en sirotant un cocktail avec une poignée d'amis.

CAFÉS - BARS

Des bars par milliers dans ces quartiers avec tous les styles possibles, pour tous les goûts et tous les moments de la journée et de la nuit. Il y a largement de quoi satisfaire les assoiffés et les fêtards !

AREIA

Calle Hortaleza, 92
✆ +34 913 100 307
www.areiachillout.com
info@areiachillout.com
M° Chueca.
Ouvert du lundi au vendredi de 16h à 3h du matin et samedi et dimanche de 14h à 3h du matin.
Atmosphère des *Mille et une nuits* dans ce bar qui invite à l'hédonisme. On se vautre dans de profonds canapés recouverts de coussins aux tons rouges et violets et on admire le plafond constellé par les luminaires, un cocktail divin à la main. Possibilité également de fumer une chicha.

BODEGA DE LA ARDOSA

Calle Colón, 13
✆ +34 915 214 979
www.laardosa.com
M° Tribunal. Dans une petite rue qui relie la calle Fuencarral à la plaza de San Ildefonso.
Du dimanche au jeudi de 8h à 2h, vendredi et samedi de 8h à 2h30.
On déguste une cuisine traditionnelle dans cette taverne centenaire, meublée de tonneaux et d'un bar en bois fourni de milliers de bouteilles et aux superbes azulejos. On peut boire de la Guinness, puisque l'établissement est le premier à l'avoir servi à Madrid, et déguster de nombreuses bières accompagnées de croquettes, omelettes et nombreuses tapas.

CAFÉ LA PALMA

Calle La Palma, 62
✆ +34 915 225 031
www.cafelapalma.com
cafelapalma@cafelapalma.com
M° Tribunal et Noviciado.
Mercredi et dimanche de 17h à 3h du matin, jeudi de 17h à 5h, vendredi et samedi de 17h à 6h.
Un café hybride doté d'espaces différents pour la journée et la nuit : un bar, un salon oriental, un café avec des expos et une discothèque avec une programmation de concert (il en passe toutes les semaines, du jeudi au dimanche), parfois en *open mic*. Il faut se perdre dans ce labyrinthe pour découvrir le lieu.

CAFÉ MANUELA

Calle San Vicente Ferrer, 29
✆ +34 915 317 037
M° Tribunal ou Noviciado.
Du lundi au jeudi de 13h à 2h, vendredi et samedi de 13h à 3h, dimanche de 13h à 1h.

Dans ce café de la Movida, on vient autant lire et faire une halte que prendre l'apéro. Il y a des débats, des journées poésie et des pièces de théâtre. Des expos, photos et peintures, s'étalent sur les murs et se renouvellent sans cesse. Un bistrot comme on les aime, bien éloigné des sentiers touristiques.

LA LOLINA VINTAGE CAFE

Calle Espiritu Santo, 9
✆ +34 667 201 169
http://lolinacafe.com
info@lolinacafe.com
M° Tribunal.
Ouvert du lundi au jeudi de 9h30 à 1h, vendredi de 9h30 à 2h30 et samedi de 10h à 2h30. Brunch : 15 €.

Définitivement *seventies*, ce café *vintage* sert des petits déjeuners copieux sur des tables en Formica. Confortablement calé dans des fauteuils, vous écoutez de la musique rétro en vous réjouissant de cette ambiance branchée et en profitant du wifi. Le soir, une clientèle trentenaire envahit les lieux pour boire un verre dans la salle du bas, alors qu'en fin de matinée elle vient profiter de l'excellent brunch (œufs Bénédicte, saumon, fruits, yaourt au muesli, etc.).

TABERNA ANGEL SIERRA

Calle de Gravina, 11
✆ +34 915 310 128
www.tabernadeangelsierra.es
M° Chueca.
Du dimanche au jeudi de 12h à 2h30 du matin et vendredi au samedi de 12h à 3h du matin.

Dans cette antique taverne, on se presse à l'heure de l'apéro, pour commencer la soirée. Barriques de chêne, comptoir en étain et fresques soulignent cet esprit typique. On déguste du vermouth artisanal accompagné d'anchois blancs au vinaigre. Idéal pour commencer la soirée, notamment lorsque l'on trouve une place sur la petite terrasse posée sur la charmante plaza de Chueca.

LA VACA AUSTERA

Calle La Palma, 20
✆ +34 915 231 487
M° Tribunal.
Ouvert le jeudi de 21h à 3h du matin et le vendredi et le samedi de 21h à 3h30 du matin.

Un bar très rock, un peu dark, où l'on boit surtout de la bière et où l'on joue au billard... Pour ceux qui aiment le punk-rock, les Bad Religion, Iron Maiden et compagnie...

CLUBS ET DISCOTHÈQUES

TABOÓ

Calle San Vicente Ferrer, 23
✆ +34 915 241 189
carolina@taboo-madrid.com
M° Tribunal ou Noviciado.
Ouvert du jeudi au samedi à partir de 20h30, 21h30 ou 22h selon la programmation. Concerts de 5 € à 15 €.

Des concerts de rock espagnol, des DJ, des performances musicales, du postpunk électronique... La programmation est excellente, un brin décalée, mais source de découverte ! Dès le jeudi soir, c'est une boîte de nuit pleine à craquer.

WHY NOT ?
Calle de San Bartolomé, 7
✆ +34 915 218 034
M° Chueca, Gran Vía.
Ouvert tous les jours de 22h à 3h. Compter 10 € l'entrée.
Dans une ambiance baroque avec une clientèle majoritairement homo, on vient ici pour boire des verres dans une foule noire de monde et pour danser sur des rythmes disco et les hits pop espagnols.

SPECTACLES

BARCO
Calle del Barco, 34,
✆ +34 915 317 754
www.barcobar.com
ecubero@barcobar.com
M° Tribunal ou Gran Vía.
Ouvert du dimanche au jeudi de 21h à 5h30, vendredi et samedi de 21h à 6h.
Le BarCo accueille d'abord des groupes de rock et de jazz, puis à 2h il y a foule pour danser.

CLAMORES
Calle Alburquerque, 14
✆ +34 914 455 480
www.salaclamores.com
info@salaclamores.es
M° Bilbao.
Ouvert du dimanche au jeudi de 19h à 5h30, vendredi et samedi de 20h à 6h. Programmation sur le site Internet. Concerts de 5 € à 20 €.
Pour écouter du jazz ou du blues dans une salle mythique de Madrid où sont venus les plus grands. Également funk, tango, ou bossa nova.

MALASAÑA, VERSION ALTERNATIF

Le quartier se démarque par ses clubs uniques en leur genre et ses artistes qui ne demandent qu'a percer. Voici deux adresses incontournables.

TUPPERWARE CLUB
Corredera Alta de San Pablo, 26
✆ +34 914 485 016
www.tupperwareclub.com – tupper@tupperwareclub.com
M° Tribunal.
Ouvert du mardi au samedi de 20h à 3h30.
L'intérieur est très kitsch avec ses téléviseurs des années 1970, ses poupées en plastique sur le bar, son atmosphère pop. Beaucoup de soul, de nouveautés indie, pop rock, garage... Une autre référence alternative de Malasaña.

LA VÍA LÁCTEA
Calle Velarde, 18 ✆ +34 914 467 581
M° Bilbao ou Tribunal.
Ouvert tous les jours de 20h à 3h du matin et le vendredi et le samedi de 20h à 3h30 du matin.
En entrant ici, on voit de suite ce qu'est le quartier de Malasaña : un peu de tout, mais un peu déjanté, un mélange de rockers, bobos, de punk et de techno... et un DJ tous les soirs pour remuer tout ça.

HONKY TONK

Calle de Covarrubias, 24
✆ +34 914 456 886
www.clubhonky.com
honky@clubhonky.com
M° Alonso Martínez.

Ouvert du lundi au jeudi de 21h30 à 5h, vendredi et samedi de 21h30 à 6h. Concerts à partir de minuit le week-end.

Une autre salle mythique de la Movida qui est toujours là et où on écoute du rock, du blues et de la country. La programmation est variée, toujours de grande qualité, et les scènes ouvertes toujours pleines de surprises (réussies).

LIBERTAD 8

Calle de la Libertad, 8
✆ +34 915 321 150
www.libertad8cafe.es
libertad@libertad8cafe.es
M° Chueca.

Ouvert tous les jours de 18h à 2h du matin. Compter entre 5 € et 12 € l'entrée. Programmation sur le site Internet.

Quel chanteur espagnol n'est pas venu un jour se produire ici avant d'être une star ? Pour le savoir, regardez sur les murs, tout est inscrit ! Au programme donc, des concerts principalement. Quand il n'y a pas de concert, des conteurs d'histoires et de poésies occupent la scène et on peut assister à des expositions de peinture et de photographie. Un bar-club qui reflète bien l'âme de Malasaña.

SIROCO

Calle San Dimas, 3
✆ +34 915 933 070 – www.siroco.es
programacion@siroco.es
M° Tribunal ou Noviciado.

Ouvert du jeudi au samedi de 21h à 6h. Concerts de 5 € à 15 €. Programmation sur le site Internet.

Sessions hip hop, acid jazz, house et funk dans cette petite salle colorée. Un temple pour les musiques de la nouvelle vague. sans oublier les spéciales latinos ou le cycle de musique reggae, qui réunit chaque année, au mois de novembre, les meilleurs DJs de reggae de la capitale.

© HONKY TONK

Honky Tonk.

Monument en l'honneur d'Alphonse XII dans le parc du Retiro, Madrid.

ORGANISER SON SÉJOUR

PENSE FUTÉ

ARGENT

L'euro est divisible en 100 centimes. Il existe des billets de 500, 200, 100, 50, 20, 10 et 5 € ; des pièces de 1 €, 2 € et 50, 20, 10, 5, 2 et 1 centimes.

Moyens de paiement. L'Espagne étant un pays de la zone Euro, vous pouvez y effectuer vos retraits et paiements par carte bancaire (Visa, MasterCard, etc.) comme vous le feriez en France. Inutile d'emporter des sommes importantes en liquide. Tous vos paiements par carte sont gratuits et vos retraits sont soumis aux mêmes conditions tarifaires que ceux effectués en France (ils sont donc gratuits pour la plupart des cartes bancaires).

CLIMAT

Les meilleures périodes de l'année pour se rendre à Madrid sont l'automne (septembre, octobre) et le printemps (avril, mai, juin) pour profiter du magnifique climat en évitant les grandes chaleurs de l'été. Un atout important : il n'y pleut pratiquement jamais. Mais, l'hiver est souvent très froid, et l'été très chaud : évitez-les.

DÉCALAGE HORAIRE

Paris et Madrid sont sur le même fuseau horaire (GMT + 1). Par contre, il faut compter 2 bonnes heures de décalage quant au mode de vie. Quand on mange à 20h30 à Paris, c'est plutôt vers 22h30 que l'on sort à Madrid !

FORMALITÉ

Pour se rendre à Madrid, les membres de l'Union européenne ont besoin d'une carte d'identité ou d'un passeport, en cours de validité.

INTERNET

Dans l'office de tourisme de Plaza Mayor, 15 minutes gratuites par personne. Wifi disponible dans tous les hébergements et dans beaucoup de cafés et restaurants.
Depuis 2017, les forfaits classiques des grands opérateurs français sont utilisables en Espagne dans les mêmes conditions qu'en France métropolitaine pour les appels téléphoniques, les SMS et l'Internet mobile. Renseignez-vous auprès de votre opérateur.

LANGUES PARLÉES

La langue officielle est le castillan, ou espagnol. Les Madrilènes sont très chauvins et parlent peu l'anglais. Il faut donc parler ou baragouiner l'espagnol !

SÉCURITÉ

SERVICE D'ACCUEIL AU TOURISTE ÉTRANGER (SATE)

Calle de Huertas, 76-78
✆ +34 902 102 112
M° Antón Martín ou Estación del Arte.
Ouvert tous les jours de 9h à minuit.
Si vous êtes dans une situation problématique, victime d'un délit par exemple, vous pouvez demander de l'aide à ce bureau de police, qui travaille en collaboration avec l'office de tourisme.
En raison de travaux au commissariat de la rue Leganitos en 2022, le service est temporairement déplacé dans ce commissariat.

TÉLÉPHONE

- **De France en Espagne :** 00 (international) + 34 (indicatif de l'Espagne) + numéro local.
- **D'Espagne en France :** 00 + 33 + numéro sans le 0.
- **Les numéros espagnols** ont neuf chiffres. Les numéros de portable commencent par un 6.

TOURISME

CENTRE TOURISTIQUE DE LA MUNICIPALITÉ DE MADRID

Casa de la Panadería
Plaza Mayor, 27 ✆ +34 915 787 810
www.esmadrid.com/fr
turismo@esmadrid.com
M° Sol et Ópera.
Ouvert tous les jours de 9h30 à 20h30.
Office très central (dans l'édifice de la Plaza Mayor dont les motifs dorés représentent les signes du zodiaque), récent et spacieux. Vous y trouverez une série de cartes de quartiers recommandant des itinéraires à suivre, des restaurants et des magasins où aller. Organise des visites guidées.

- **Autres adresses :** Aéroport de Madrid Barajas T1 et T4 • Paseo del Arte, C/ Santa Isabel – M° Atocha • Plaza de Callao – M° Callao • Plaza de Cibeles – M° Banco de España • Plaza de Colón – M° Colón

© MADRID DESTINO

Centre touristique de la municipalité de Madrid.

Y ALLER

Rejoindre Madrid est sans conteste plus rapide et pratique par avion. Comptez 2 heures de trajet contre une douzaine d'heures en train ou une grosse quinzaine en bus. Les prix sont similaires, alors préférez la voie des airs.

EN AVION

Rejoindre Madrid en avion peut se faire tous les jours, presque à tout moment de la journée. Comptez 2 heures de vol pour des prix variant entre 60 et 250 €.

AIR EUROPA
✆ 01 42 65 08 00
www.aireuropa.com
Au départ de Paris-Orly, Air Europa propose 4 à 6 vols quotidiens et directs pour Madrid. Comptez 2 heures de vol.

AIR FRANCE
France
✆ 09 69 39 36 54
Air France propose de 8 à 10 vols quotidiens et directs pour Madrid au départ de Roissy Charles-De-Gaulle. Comptez 2 heures de trajet.

EASYJET
✆ 09 77 40 77 70
EasyJet dessert Madrid depuis Paris CDG. Compter 2h10 de vol.

IBERIA
France
✆ 0 825 800 965
www.iberia.com
Iberia propose 7 vols quotidiens entre Paris et Madrid au départ d'Orly et CDG. Comptez 2 heures de vol.

RYANAIR
France
✆ 08 92 56 21 50
www.ryanair.com
Ryanair propose des vols vers Madrid au départ de l'aéroport de Beauvais.

TRANSAVIA
✆ 08 92 05 88 88
www.transavia.com
Filiale low cost de la compagnie Air France/KLM, Transavia assure, au départ de Paris Orly-Sud, des liaisons quotidiennes à bas prix pour Madrid.

EN TRAIN

En train, il faut compter environ 12h30 de trajet et une correspondance entre Paris et Madrid. Il y a aussi une ligne directe (en un peu plus de 8h quand même) depuis et vers Marseille.

KELBILLET
www.kelbillet.com
Kelbillet est un site comparateur regroupant les principales compagnies desservant les meilleures destinations européennes : SNCF, BlaBlaCar, Thalys, Flixbus... Vous souhaitez trouver un billet de train pas cher, mais aussi un billet de bus, avion, ou du covoiturage ? KelBillet.com est un très bon plan.

Ce site propose de nombreux billets pour voyager en France et en Europe.

SNCF CONNECT
www.sncf-connect.com
Vous pouvez également joindre la ligne directe : 3635 (0,34 €/min), cette dernière permettant de réserver et de régler son voyage.
Pensez à réserver vos billets de train le plus tôt possible, car vous pourrez bénéficier de tarifs réduits intéressants ou d'acheter des cartes « Avantage » (Carte Senior, Jeune, Famille et Week-End) qui permettent d'obtenir des réductions d'au moins 25 % et aussi de bénéficier d'une réduction supplémentaire pour les enfants accompagnants.

EN BUS

Des compagnies de bus comme Flixbus proposent des trajets directs de Paris à Madrid ou avec correspondance en au moins 16h.

FLIXBUS
www.flixbus.fr
FlixBus est une start-up allemande qui a vu le jour en 2013 dans le but de simplifier les déplacements en Europe. En quelques années, l'entreprise est devenue leader et dispose aujourd'hui du plus grand réseau européen de bus longue distance. Les réservations se font en toute simplicité (sur le site Internet), et – une fois installé – le passager peut profiter de différents services mis en place : application mobile, wifi gratuit, suivi GPS des bus en temps réel.

AGENCES DE VOYAGE

CLIO
34, rue du Hameau (15e)
Paris (France)
✆ 01 53 68 82 82
www.clio.fr
Agence ouverte du lundi au vendredi de 10h à 18h, le samedi sur rendez-vous.
Clio propose plus de 200 circuits culturels originaux vers 85 pays, accompagnés de conférenciers passionnés. À Madrid, Clio vous emmène pendant 4 jours à la découverte des plus beaux musées de la ville et des lieux les plus emblématiques. Une escapade est prévue à Tolède, l'ancienne capitale du pays.

COMPTOIR DES VOYAGES
2-18, rue Saint-Victor (5e)
Paris (France)
✆ 01 53 10 30 15
www.comptoirdesvoyages.fr
Ouvert du lundi au samedi de 10h à 18h. Également des agences à Marseille, Nice, Lyon, Toulouse, Bordeaux et Lille.
Comptoir des Voyages a comme concept de vendre une destination animée par de vrais spécialistes originaires ou ayant vécu dans le pays. Les Comptoirsont chacun leur spécificité mais sont tous spécialisés dans le voyage en individuel à la carte. Un autotour en Castille est prévu au catalogue. Au programme : visite de Madrid (3 jours), de Tolède, Salamanque et Ségovie.

S'Y DÉPLACER

Madrid se visite avant tout et surtout à pied et en transports en commun ! Au choix : le métro ou le bus. Ils sont assez bien organisés, mais le plus simple reste le métro. Les tickets s'achètent dans les stations et la plupart du temps dans des guichets automatiques (qui acceptent les cartes bancaires). L'une des solutions très pratique est le carnet de 10 tickets « Metrobus 10 viajes », valable dans le métro et le bus et pour plusieurs personnes (12,20 € pour des trajets en centre-ville ; 3 € de supplément pour l'aéroport). Il est très facile de se repérer dans le métro. Demandez un plan au guichet ou dans les offices du tourisme.

L'ARRIVÉE

L'aéroport de Madrid est assez proche de la ville, et plusieurs options s'offrent à vous, selon la situation de votre logement dans la ville.

- **Métro.** Comptez environ 30 minutes depuis tous les terminaux vers le centre-ville. Le prix d'un ticket est de 4,50 à 6 €, selon le nombre de stations parcourues. Pour le centre-ville, prenez la ligne 8 (rose) et allez jusqu'au à Nuevos Ministerios, pour changer de ligne. Le métro fonctionne de 6h à 1h30.
- **Bus.** La ligne Expres Aeropuerto circule 24h/24 et relie l'aéroport à la gare d'Atocha (de 5h35 à 23h55) et l'aéroport à la plaza de Cibeles (de 23h55 à 5h35). Un arrêt est programmé à chaque terminal. Le prix du billet est de 5 €. Cette solution est la meilleure pour ceux qui se logent dans la partie sud ou est du centre de la capitale. Le trajet est d'environ 40 minutes selon le trafic, et un bus part toutes les 15 minutes en journée et toutes les 35 minutes pendant la nuit.
- **En cercanias.** La ligne C1 de ce réseau de train urbain rallie la station de Chamartin au terminal 4 de l'aéroport en une dizaine de minutes. Elle fait également des haltes aux stations de Nuevos Ministerios, Recoletos ou encore Atocha qu'elle atteint en 30 minutes environ. La fréquence des trains est de 30 minutes. Le billet coûte 2,60 € et le terminus de la ligne se trouve à Principe Pio. Tous les jours, la ligne commence son service à 5h58 à l'aéroport, et le dernier train sort à 0h14.
- **Taxi.** La ville de Madrid a fixé le prix de 30 € pour les courses entre l'aéroport Madrid-Barajas et le centre-ville.

TRANSPORTS EN COMMUN

EMT

✆ +34 902 507 850
www.emtmadrid.es
Ouvert de 6h à 23h30, selon les lignes.
C'est la compagnie des bus urbains de Madrid qui a un bon réseau, même si le principal problème est le trafic. Des panneaux informatifs ont été installés pour aviser du temps d'attente du prochain bus. Il est très agréable de prendre le bus dans Madrid, et ainsi visiter la ville sans trop se fatiguer et à moindre coût.

MÉTRO

Calle de Cavanilles
✆ +34 902 444 403
www.metromadrid.es
accesibilidadweb@metromadrid.es
Tous les jours de 6h à 1h30. Compter 1,50 € à 2 € ; 11,20 à 12,20 € les 10 trajets. Ajouter 2,50 € carte rechargeable.
Avec 12 lignes et 3 de tramway, le métro de Madrid est le second réseau le plus important d'Europe après Londres. C'est le meilleur moyen de se déplacer dans la ville. Il vaut mieux acheter le « Metrobus 10 viajes », valable dans le métro et le bus, et pour plusieurs personnes.

RENFE

www.renfe.es
Le train de banlieue permet de circuler dans Madrid et d'atteindre de nombreuses villes des environs. Il fait gagner beaucoup de temps si l'on se rend d'un de ces points à l'autre : gares de Chamartín, Atocha et Méndez Alvaro ou autres centres névralgiques que sont Puerta del Sol, Recoletos et Nuevos Ministerios. Il y a 10 lignes de *cercanías* à Madrid. Leur fréquence va de 10 à 30 minutes. Le tarif varie en fonction de la distance parcourue, mais pour rester dans Madrid, vous pouvez utiliser les mêmes tickets que pour le bus ou le métro.

Entrée du métro.

TAXI

Il y a de très nombreux taxis, facilement identifiables à leur couleur : tout blanc avec une rayure rouge sur les portières avant. Le prix initial d'une course est de 2,50 € du lundi au vendredi, entre 6h et 21h. La nuit, en semaine, et le week-end, le prix initial est de 2,90 €. Compter environ 6 € pour un trajet dans le centre-ville.

- **Tele Taxi** ✆ +34 913 712 131
- **Radio Taxi Independiente** ✆ +34 914 051 213
- **Radio Teléfono Taxi – Euro Taxi** (homologués pour handicapés moteur) ✆ +34 915 478 200 - +34 915 478 500

ORGANISER SON SÉJOUR

LOCATION DE VOITURE

Si vous séjournez à Madrid, évitez de louer une voiture. Elle ne sera qu'encombrante et vous coûtera une fortune en parking. Pour visiter la ville, privilégiez la marche à pied, le métro ou le taxi, économique pour des petites distances. Pour sortir de Madrid et visiter les alentours, vous pouvez en louer une, ce sera plus pratique que le bus.

BSP AUTO

✆ 01 86 26 90 80
www.bsp-auto.com
Site comparatif accessible 24h/24.
Il s'agit là d'un prestataire qui vous assure les meilleurs tarifs de location de véhicules auprès des grands loueurs dans les gares, aéroports et centres-villes. Les tarifs comprennent toujours le kilométrage illimité ainsi que les assurances.

VÉLO

Pour se déplacer en vélo à Madrid, il faut être courageux, entre les embouteillages et les travaux incessants ! Mais les pistes cyclables se développent et la ville a enfin mis en place BiCi Mad, l'équivalent du Vélib parisien.

BICIMAD

Glorieta Santa María de la Cabeza, 6
✆ 010
www.bicimad.com
A partir de 2 € pour la première heure.
Appelés BiCi Mad, ces vélos sont, à l'instar des grandes villes européennes, louables par abonnement annuel mais aussi à l'heure. Une bonne option pour les touristes qui devront évidemment se servir de leur carte bancaire à la borne de location.

MOTO / SCOOTER

Les déplacements en motos ou scooters sont très pratiques à Madrid. Néanmoins, les deux-roues ne sont pas très bien vus dans la capitale. Faites donc très attention, si vous choisissez ce moyen de transport.

Vélos à louer.

SE LOGER

Madrid dispose d'une assez bonne offre hôtelière, qui va de l'hôtel de luxe au petit hôtel de quartier. Dans la catégorie économique, on trouve les pensiones, hostales et casa de huespedes. Ces logements économiques sont des appartements, dans des immeubles de résidents.
Les auberges de jeunesse de Madrid sont bien situées et bien organisées. Dans les catégories des hôtels, on trouve du 1 au 5-étoiles et donc tous les prix.

Les prix sont en euros et varient au gré de la saison et du taux d'occupation. Notez que les prix affichés des hôtels incluent rarement la TVA espagnole, ou IVA, de 10 %. Il est rare d'avoir le petit déjeuner inclus dans le prix de la chambre : la majorité des hôtels le proposent en supplément, mais c'est généralement cher (entre 8 et 15 €) et pratiquement jamais dans les pensions. Dans les bars en sortant de votre logement, sachez que le petit déjeuner est servi pour environ 4 ou 5 €.

La saisonnalité. Madrid attire des touristes toute l'année. La haute saison est l'automne (septembre, octobre) et le printemps (avril, mai, juin), notamment pendant la Semaine sainte où les prix explosent. Vous profiterez ainsi du magnifique temps madrilène tout en évitant les grandes chaleurs de l'été. Noël est également une période courue. La saison moyenne se trouve en janvier, avril, août et décembre (hors Noël). La basse saison recouvre les mois de février, mars et novembre. A noter que beaucoup de commerces sont fermés en août.

Tendances et évolutions locales. Les offres d'hébergement se multiplient à vive allure, un peu partout en ville. Les hôtels conçus et décorés par des architectes de renom sont les grandes tendances du moment. Même les hôtels (et désormais les auberges de jeunesse) du centre-ville misent tout sur le design. Dans les quartiers résidentiels et les nouveaux quartiers d'affaires, on retrouve ces concepts au design ultra chic de l'avant-garde !

Où loger ? Voilà la question incontournable ! La majorité des visiteurs choisit le cœur historique (Sol et Gran Vía, Chueca et Malasaña, Huertas ou Plaza Mayor), ce qui est plutôt judicieux pour profiter des sites à visiter en combinant découvertes et promenades à pied, tout en se laissant de grandes possibilités de déambulations vers les ruelles et les grandes places pittoresques de la zone. Mais, à la nuit tombée, Madrid se réveille ! Comme toute capitale, elle est bruyante, puisque fort vivante. Rappelez-vous que les Madrilènes parlent fort et que la rue la nuit est aussi bondée que ses bars !

C'est donc un bon choix pour ceux qui aiment sortir. Pour plus de calme, il faut s'éloigner du centre-ville et privilégier les zones résidentielles que l'on rejoint en métro. Salamanca, avec ses hôtels de luxe et ses rues calmes est un bon compromis.

LOCATIONS TOUS QUARTIERS

HOME CLUB – HOME SELECT
Calle de Hermosilla, 21
✆ +34 911 438 360
www.homeclub.com
info@homeclub.com
Spain Select disposent de plus de 200 appartements exclusifs, entièrement meublés et équipés en offrant confort, indépendance et style. L'équipe de réservation est multilangues et à disposition des clients pour leur offrir un service personnalisé.

SUITE PRADO
Calle Manuel Fernández y Gonzalez, 10
✆ +34 914 202 318
www.suiteprado.com
hotel@suiteprado.com
M° Banco de España ou Sevilla. A l'angle de Calle Ventura de la Vega.
Appartement pour deux personnes de 90 € à 250 €. Wifi gratuit.
Idéale pour une à trois personnes, cette option allie les avantages d'un appartement et le confort d'une chambre d'hôtel haut de gamme. Pour ne rien gâcher, l'emplacement, entre Sol et les grands musées du Paseo del Arte, est vraiment parfait.

SOL ET GRAN VÍA

L'offre foisonne ici et les enseignes de tous types placardent les façades des immeubles. Normal, la majorité des visiteurs descend ici, au cœur de la ville. Vous n'aurez que l'embarras du choix.

COUP DE CŒUR

HOSTAL ADRIANO**
Calle de la Cruz, 26
4e étage
✆ +34 915 211 339
www.hostaladriano.com
info@hostaladriano.com
M° Sol.
Chambre simple à partir de 49 €, double à partir de 59 €, triple à partir de 69 €.
Les chambres ont toutes une décoration différente : murs colorés et rideaux pastel ; rideaux blancs, photos et dessus-de-lit noir en blanc... Les amateurs d'opéra seront ravis dans la chambre Callas : photos de la diva au-dessus du lit et une entrée décorée de partitions jaunies. L'hôtel est situé à 2 minutes de Sol et à deux pas de la plaza Mayor. Une situation très pratique.

Generator Hostel.

ALOFT MADRID GRAN VIA****

Calle de Jacometrezo, 4
✆ +34 914 54 95 95
Chambres doubles à partir de 120 €. Petit déjeuner buffet de 7h à 11h dès 18 €.
Situé à deux pas de Gran Via, cet ancien immeuble des années 1940 abrite 139 chambres spacieuses au design chic et moderne, un salon animé aux couleurs vives avec des jeux vidéo rétros, une terrasse sur le toit avec piscine, bar et vue panoramique, mais aussi une salle de sport qui donne sur la rue.

FOUR SEASONS MADRID

Calle de Sevilla, 3
✆ +34 910 883 333
www.fourseasons.com
Compter de 737 € à 1 200 € la chambre double.
Le premier Four Seasons à s'implanter en Espagne est aussi l'un des derniers-nés des établissements de luxe de la capitale. Niché dans un bâtiment datant de 1880 à la superbe façade Art nouveau, il a ouvert ses portes en plein cœur de la capitale en 2021.

GENERATOR HOSTEL

Calle de San Bernardo, 2
✆ +34 910 479 800
www.generatorhostels.com
ask.madrid@generatorhostels.com
M° Santo Domingo.
Compter de 19 € à 39 € le lit en dortoir et de 70 € à 255 € la chambre double. En général, autour de 110 €.
Vous voilà au centre de tout, sur ce qui était le site d'une ancienne station-service dans les années 1930. Tous les standards de l'enseigne sont respectés. Le petit plus ? Après une bonne journée de visites vous attend un roof-top avec transats, bains bouillonnants et bar pour boire un cocktail.

HOSTAL ADRIA SANTA ANA**

Calle Nuñez de Arce, 15
3e étage
✆ +34 915 211 339
www.hostaladriasantaana.com
info@hostaladriasantaana.com
M° Sol.
Chambre simple à partir de 49 €, double à partir de 59 €, triple à partir de 69 €.

Cet hostal mérite amplement une qualification de charme. La décoration y est magnifique, subtile et confère une ambiance très confortable aux chambres qui sont toutes différentes. Le rapport qualité-prix est excellent !

HOTEL INDIGO MADRID
Calle Silva, 6
✆ +34 912 008 585
www.indigomadrid.com
info@indigomadrid.com
M° Callao ou Santo Domingo.
Compter entre 140 et 280 € la chambre double et entre 270 et 500 € la suite. Petit déjeuner à 17 €. Accessible aux fauteuils roulants. Blanchisserie. Eau potable. Equipement sanitaire moderne. Plats cuisinés à emporter. Bar. Piscine extérieure.
Les 85 chambres du boutique hôtel de la chaîne Intercontinental proposent un standing élevé et un design agréablement épuré. Mais, pour une vue parfaite, direction le solarium sur le toit. Allongé sur un transat, un cocktail dans une main et l'appareil-photo dans l'autre, ou en train de faire quelques brasses dans la charmante petite piscine, la ferveur de Gran Vía, à quelques mètres de là, paraît alors bien loin.

IBEROSTAR LAS LETRAS GRAN VIA****
Gran Vía, 11
✆ +34 915 237 980
www.iberostar.com
let.rsv@iberostar.com
M° Gran Vía.
Chambre double de 200 € à 350 €, selon la saison et le standing. Petit déjeuner à 24 €.
Dans un immeuble de 1917, cet hôtel allie le prestige du classicisme et le modernisme. Mosaïques, marquises et escaliers anciens côtoient un design intérieur avant-gardiste et les dernières technologies. En empruntant l'ascenseur, vous accéderez à l'agréable bar *lounge* sur la terrasse du 7e étage (entre mai et septembre).

Terrasse de l'hôtel Indigo.

The Principal Madrid.

PESTANA CR7 GRAN VÍA MADRID
Gran Vía, 29
✆ +34 917 710 240
www.pestanacr7.com
CR7GranVia@pestana.com
Compter de 119 € à 400 € la chambre double, en moyenne autour de 190 €.
Voilà le point de chute rêvé pour tous les fans de l'ex-superstar du Real Madrid Cristiano Ronaldo, aka CR7, mais aussi pour les amateurs d'un style urbain chic plutôt bien senti !

THE PRINCIPAL MADRID***
Calle Marqués de Valdeiglesias, 1
✆ +34 915 218 743
www.theprincipalmadridhotel.com
info@theprincipalmadridhotel.com
M° Banco de España.
Compter entre 250 € et 600 € la chambre double (en moyenne, compter autour de 350 €).
On y va rien que pour le bar terrasse sur le toit à la vue époustouflante sur le Metropolis. Un endroit unique à Madrid. Et dans ce superbe bâtiment de 1917 à l'angle de Gran Via, les 76 chambres sont de très bonne facture. Un vrai coup de cœur !

PLAZA ESPAÑA ET MONCLOA

Moins de choix dans ces quartiers plutôt résidentiels... mais quelques perles quand même.

HOTEL PRÍNCIPE PÍO MADRID***
Cuesta San Vicente, 14
✆ +34 915 470 800
www.hotelprincipepio.com
reservas@hotelprincipepio.com
M° Plaza de España ou Santo Domingo.
Chambre double à partir de 94 €. Nombreuses promotions sur le site Internet.

L'hôtel plonge directement ses hôtes dans l'histoire de Madrid : jardins de Sabatini en face et à deux pas du temple de Debod et du Palacio Réal. Depuis l'hôtel, la vue est magnifique ! La décoration est ici chic et classique, bien qu'un peu chargée. Le bois, la moquette et les tissus donnent néanmoins du cachet à l'établissement.

SUITES VIENA***
Calle Juan Álvarez Mendizábal, 17
© +34 917 583 605
www.suitesviena.com
reservas@suitesviena.es
M° Plaza de España.
Chambre double de 88 € à 246 €.
Hôtel très moderne au design avant-gardiste. Les chambres proposées sont ici considérées comme des « studios-suites » puisqu'elles ont toutes un espace cuisine en plus de la TV, le wi-fi et l'air conditionné entre autres.
Les chambres sont grandes et confortables.

PLAZA COLÓN ET SALAMANCA

Ce quartier est plutôt réservé aux hommes d'affaires et les hôtels étoilés l'ont bien compris.

BARCELÓ IMAGINE
Calle de Agustín de Foxá, 32
© +34 917 327 019
www.barcelo.com
imagine@barcelo.com
M° Plaza de Castilla.
Compter de 105 € à 380 € la chambre double standard selon la saison. En moyenne, compter autour de 160 €.
Ce Barceló Imagine mérite ses 5 étoiles entre le luxe qu'il offre dans ses 156 chambres et ce concept original de l'hôtel musical. De la pop au rock, en passant par la musique classique, la disco, le flamenco ou les grands titres de la *movida*, la musique est partout. Dans la décoration évidemment, mais aussi en live, sur le Sky lounge installé sur le toit, non loin de la belle piscine.

COUP DE CŒUR

DEAR HOTEL
Gran Vía, 80
© +34 914 123 200
www.dearhotelmadrid.com
reservas@dearhotel.es
M° Plaza España.
Compter à partir de 129 € la chambre double. Nombreuses réductions sur le site Internet.
Voilà une oasis de charme et de calme sur... Gran Vía ! Et quoi de plus agréable après une journée de visite que de se prélasser sur la terrasse du 14e étage pour boire un cocktail avec vue spectaculaire sur les toits ? Peut-être s'offrir un plongeon dans la (petite) piscine au panorama magique ou une sieste dans l'une des chambres à la décoration soignée.

Hotel Único Madrid.

HOTEL ÚNICO MADRID
Calle de Claudio Coello, 67
✆ +34 917 810 173
www.unicohotelmadrid.com
M° Serrano, Velázquez ou Núñez de Balboa.
Compter de 248 € à plus de 1 000 € la chambre double, en général autour de 380 €.

Cet élégant boutique-hôtel a pris place dans un immeuble du XIXe siècle et propose des prestations exceptionnelles, à commencer par son restaurant Ramon Freixa et ses deux étoiles au Michelin. Son Spa et son charmant patio jardin au calme sont salvateurs après une grosse journée de visite.

COUP DE CŒUR

SILKEN PUERTA AMÉRICA***
Avenida de America, 41
✆ +34 917 445 400
www.hoteles-silken.com – silken@hoteles-silken.com
M° Avénida de América, Cartagena.
Chambre double à partir de 165 € et suite à environ 600 €.
L'hôtel a d'abord été l'objet de controverses avant d'être reconnu pour sa particularité architecturale. Il a été construit par 19 cabinets d'architectes et de design d'intérieur. Chacun des 12 étages a été pensé par un architecte différent (dont Zaha Hadid, Norman Foster, David Chipperfield ou encore Javier Mariscal et Jean Nouvel qui a réalisé la façade).

INTERCONTINENTAL MADRID
Paseo de la Castellana, 49
✆ +34 917 007 300
www.madrid.intercontinental.com
icmadrid@ihg.com
Métro Ligne 7 et 10 : Gregorio Marañón.
A partir de 190 € la chambre double.
Dans un ancien palais de XVIIIe siècle, à deux pas des boutiques de mode et des plus beaux musées, l'hôtel InterContinental offre une retraite cosmopolite dans un cadre luxueux avec son hall bordé de marbre et ses 300 chambres au style classique.

ORFILA***
Calle Orfila, 6
✆ +34 917 027 770
www.hotelorfila.com
bookings@hotelorfila.com
M° Alonso Martínez.
Compter de 195 € à plus de 1 000 € la nuit la chambre double, en moyenne entre 400 € et 500 €.
Cet hôtel est l'unique membre des Relais et châteaux de Madrid. Dans un palais du XIXe siècle, l'hôtel allie le luxe au charme, en conservant une certaine intimité puisqu'il n'y a que 32 chambres. Le marbre, les boiseries, le mobilier, l'agréable terrasse, tout y est pour un séjour des plus exquis.

TÓTEM
Calle de Hermosilla, 23
✆ +34 914 260 035
www.totem-madrid.com
info@totem-madrid.com
M° Serrano ou Velázquez.
Compter à partir de 149 € la chambre double, de 170 € la chambre deluxe, de 247 € la suite junior et de 359 € la suite.
Tótem propose 64 chambres avec chêne massif et marbre dans les salles de bains. Le restaurant et le bar mêlent touches contemporaines et éléments d'origine de ce bâtiment du XIXe siècle. On y trouve également une salle de sport, un très bon bar à cocktails et un excellent restaurant de spécialités basques : La Parrilla del Pimiento Verde.

WELLINGTON HOTEL & SPA MADRID***
Calle Velázquez, 8
✆ +34 915 754 400
www.hotel-wellington.com
wellington@hotel-wellington.com
M° Velázquez ou Príncipe de Vergara.
Chambre double à partir de 290 €.
Voici un établissement très luxueux, qui réunit tous les services attendus dans un 5-étoiles. Outre son incroyable piscine extérieure et son spa, l'hôtel accueille les plus grands toreros en été.

LA LATINA, PLAZA MAYOR ET LAVAPIÉS

Le quartier, très central, se trouve à deux pas de Sol, mais certaines petites rues peuvent s'avérer bruyante.

2060 THE NEWTON HOSTEL
Calle de la Cabeza, 11
✆ +34 910 575 081
www.2060hostelandmarket.com
info@2060hostels.com
Compter de 19 € à 49 € la nuit en dortoir et de 70 € à 195 € la chambre double.
Cet *hostel* branché propose des prestations uniques pour un établissement de ce type. Sauna, bain à remous et terrasse sur le toit pour boire un verre, le tout en plein centre de la capitale.

HÔTEL MENINAS****
Calle Campomanes, 7
✆ +34 915 412 805
www.hotelmeninas.com
reservas@hotelmeninas.com
M° Ópera ou Santo Domingo.
Chambre double à partir de 68 €, en moyenne à 129 €. Nombreuses offres sur le site Internet (notamment pour le petit déjeuner).
Hôtel design dans un bâtiment du XIXe siècle. Les couleurs fuchsia, vert et gris se mélangent au mobilier ancien et contemporain. Les chambres sont toutes différentes, bien que dans le même esprit. Une bonne adresse, bien située.

MARIO ROOM MATE***
Calle Campomanes, 4
✆ +34 915 488 548
www.room-matehotels.com
mario@room-matehotels.com
M° Opera.
Compter de 97 € à 275 € la double, en général autour de 140 €.
Du grand confort dans des chambres modernes toutes équipées, avec Internet, TV, climatisation, minibar... dans un cadre avant-gardiste pour un prix abordable. Toutes les chambres sont uniques, très design. Le personnel est très accueillant. Superbe !

PETIT PALACE POSADA DEL PEINE****
Calle Postas, 17 ✆ +34 915 238 151
www.petitpalace.fr
posadadelpeine@petitpalace.com
M° Sol.
Compter de 85 € à 290 € la chambre double. En moyenne, autour de 130 €.
Dans un bâtiment historique, datant de 1610, l'hôtel serait le plus ancien du pays. Aujourd'hui, le petit palace est l'un des plus modernes de la ville, avec des éléments du mobilier très design et des services à la pointe de la technologie. Une bien belle adresse avec plein de services proposés (vélo à disposition, ordinateur portable, douche hydro-massage).

Petit Palace Posada del Peine.

© THE HAT MADRID

The Hat.

THE HAT

Calle Imperial, 9
✆ +34 917 728 572
https://thehatmadrid.com
info@thehatmadrid.com
M° La Latina, Tirso de Molina ou Sol.
Compter de 17 € à 49 € le lit en dortoir et de 60 € à 160 € la chambre double.

Le hat, c'est l'une des dernières auberges de jeunesse à la mode de la capitale espagnole ! L'offre est de qualité à 150 mètres à peine de la plaza Mayor. Surtout, l'établissement possède un roof top pour boire un verre avec une superbe vue sur les toits de Madrid.

COUP DE CŒUR

MAYERLING HOTEL**

Calle del Conde de Romanones, 6 ✆ +34 914 201 580
www.mayerlinghotel.com – recepcion@mayerlinghotel.com
M° Tirso de Molina.
Compter de 60 € à 195 € la chambre double, en moyenne entre 90 € et 120 €.
Au cœur de los Austrias, le Mayerling a choisi une décoration élégante. C'est un ancien entrepôt de textile qui est devenu une adresse chic et branchée. Disséminés un peu partout sur les cinq étages, des dessins très graphiques font hommage à la famille royale. Les chambres sont grandes. Leur petit plus : la douche à la paroi en verre qui donne l'impression de se doucher dans la chambre, et surtout ses lumières variables selon son humeur. La terrasse au 4e étage est un havre de paix. Pour le petit déjeuner, l'espace *help yourself* au rez-de-chaussée est très agréable.

HUERTAS ET PASEO DEL PRADO

C'est le cœur du quartier des Arts, donc idéal à choisir si la visite de Madrid est d'abord culturelle. Le quartier est malgré tout bien vivant la nuit, donc sensibles au bruit, s'abstenir !

GRAN HOTEL INGLÉS

Calle de Echegaray, 8
✆ +34 913 600 001
www.granhotelingles.com
welcome@granhotelingles.com
M° Sol ou Sevilla.
Compter en moyenne entre 300 € et 500 € pour une chambre double deluxe. Petit déjeuner inclus.
Ce Gran Hotel Inglés tout neuf se devait d'être à la hauteur de son prédécesseur, ouvert en 1886 et premier hôtel de luxe de la capitale. Les 48 chambres sont très réussies, avec des prestations haut de gamme et des matériaux nobles. Spa, salle de fitness, restaurant, bar à cocktails...

HOSTAL FONDA HORIZONTE

Calle Atocha, 28
2e étage
✆ +34 913 690 996
www.hostalhorizonte.com
info@hostalhorizonte.com
M. Antón Martín.
Avec salle de bains commune : chambre double de 38 à 55 €. Avec salle de bains privée : de 49 à 95 €.
Julio a rapporté de ses nombreux voyages en Asie tous les éléments de sa décoration. Enluminures dorées sur les portes, lampes et miroirs se mêlent aux meubles anciens. Un bon rapport qualité/prix !

MANDARIN ORIENTAL – RITZ*****

Plaza de la Lealtad, 5
✆ +34 917 016 767
www.mandarinoriental.com/ritz-madrid
rzmad-reservations@mohg.com
M. Banco de España.
Chambre double à partir de 900 €. Nombreuses offres pour le week-end sur le site internet.

COUP DE CŒUR

ME BY MELIÃ****

Plaza de Santa Ana, 14
✆ +34 917 016 000
www.melia.com
memadrid@melia.com
M° Sol.
Compter de 160 € à 290 € la chambre double ; en général autour de 200 €.
L'hôtel Me by Meliã se trouve dans un magnifique bâtiment historique sur la plaza Santa Ana. Les chambres y sont modernes et le linge violet rajoutent à l'esprit design des chambres. Depuis la terrasse sur le toit qui accueille un bar et un restaurant ouverts à tous (20 € l'entrée pour les non-clients), la vue est sublime.

The Westin Palace.

Datant de l'époque du roi Alfonso XIII, c'est l'un des hôtels les plus luxueux de Madrid. Avec ses salons intérieurs, ses somptueuses terrasses donnant sur le Prado, ses merveilleuses chambres et ses suites royales, il offre un service exceptionnel pour les amoureux du luxe et du raffinement.

URBAN HOTEL*****
Carrera San Jerónimo, 34
✆ +34 917 877 770
www.hotelurban.com
urban@derbyhotels.com
M° Sevilla. Situé entre le Congreso de los Diputados et la Puerta del Sol.
Compter de 175 € à 475 € la chambre double. Petit déjeuner buffet à 35 €.
Comment allier avant-garde et anciennes civilisations ? C'est ce qu'a réussi l'Urban Hotel, propriété du directeur du Musée égyptien de Barcelone, Jordi Clos. Il est très difficile à décrire tant il est original. Le *design* dernier cri du hall d'entrée et des chambres sont en parfait accord avec les arts anciens égyptien, chinois et cambodgien. Et le *must* de l'hôtel : la terrasse panoramique sur le toit pour déguster un cocktail et la petite piscine pour se rafraîchir en été. Une excellente adresse.

THE WESTIN PALACE*****
Plaza de las Cortés, 7
✆ +34 913 608 000
www.marriott.com
M° Banco de España.
Compter de 279 € à 750 € la chambre double ; en général, autour de 410 €. Petit déjeuner à 45 €.
Un des plus grands hôtels d'Espagne, avec une architecture de 1912. Son style et sa décoration conservent une atmosphère unique de l'époque avec des touches de modernité. Sa situation est privilégiée : entre le musée du Prado et le Parlement. Il est agréable de prendre un café sous l'énorme coupole en verre du salon Hemingway.

CHUECA, MALASAÑA ET CHAMBERÍ

Si vous êtes noctambule, vous faites bien de choisir ces trois quartiers au cœur de la vie nocturne !

CASA CHUECA
Calle San Bartolomé, 4
2e étage
✆ +34 915 238 127
www.casachueca.com
info@casachueca.com
M° Chueca ou Gran Vía.
Chambre double à partir de 89 €.
Charmante pension, au cœur du quartier de Chueca, de 5 chambres spacieuses et bien décorées. A disposition, bouilloire et madeleines pour le petit déjeuner au lit. En plus, l'accueil y est amical.

ROOM MATE ÓSCAR***
Plaza de Pedro Zerolo, 12
✆ +34 917 011 173
www.room-matehotels.com
oscar@room-matehotels.com
M° Gran Vía et Chueca.
Compter de 99 € à 280 € la chambre double, selon la saison ; en moyenne, autour de 150 €.
Un cadre avant-gardiste pour un prix abordable. Toutes les chambres sont uniques dans leur décoration et leur agencement. Les suites sont un régal de détail, avec les canapés indescriptibles et très confortables. La terrasse sur le toit de l'hôtel, avec piscine et bar, donne sur tout Madrid. Les chambres avec vue sont magnifiques, avec terrasse et une luminosité incroyable. Les salles de bains sont à essayer ! Magnifique et surprenant.

SIETE ISLAS HOTEL****
Calle Valverde, 14
✆ +34 915 234 688
www.7islashotel.com
reservas@7islashotel.com
M° Gran Vía.
Compter de 77 € à 280 € la chambre double selon la saison (en moyenne autour de 160 €).
Voilà un de nos coups de cœur à Madrid ! Le Siete Islas, qui vous accueille dans un grand lobby épuré, avec une musique *jazzy* en fond, est une véritable invitation à la détente. Les propriétaires, originaires des îles Canaries, ont voulu créer une ambiance atypique au cœur de Madrid dans les parties communes comme dans chacune des 79 chambres très lumineuses.

COUP DE CŒUR

HOTEL ABALÚ***
Calle Pez, 19
✆ +34 915 314 744
www.hotelabalu.com – info@hotelabalu.com
M° Noviciado et Callao.
Chambre double de 105 € à 300 €, en moyenne autour de 150 €.
Les 17 chambres de ce boutique-hôtel sont uniques dans leur décoration. Et l'on peut admirer le mobilier intérieur dessiné par le créateur de mode Luis Delgado.... Il y en a pour tous les goûts. Le petit plus, on peut même s'offrir les services d'un *personal shopper* ou commander un massage dans votre chambre. Certains employés parlent un français impeccable !

Autre adresse : Abalu Madrid suites – Calle del Pez, 32

INDEX